아름다운 도시 삿포로에 복음의 기적이 일어났습니다. 그 한복판에 이수구 선교사의 아름다운 간증이 있습니다. 일본을 사랑한 한국 그리스도인의 가슴으로 써 내려간 오늘의 사도행전에서 우리는 삿포로 하늘에 빛나는 십자가의 증언을 접합니다. 이 증언을 교본 삼아 일본 복음화라는 대추수의 역사가 이루어지기를 기도합니다. 눈물로 뿌린 복음의 씨앗을 풍성한 단으로 거두며 그동안의 수고가 결코 헛되지 않았음을 함께 고백하고 감사하는 승리의 날을 소망합니다.

이동원 지구촌교회 원로목사, 지구촌 목회리더십센터 대표

『삿포로의 빛나는 십자가』가 출간되어 매우 기쁘고 감사합니다. 물질적으로는 선진국이지만 영적으로는 어느 지역보다도 어렵고 힘든 일본에서 사역하기란 인내와 끈기, 자기포기 없이는 불가능합니다. 저자는 오랫동안 일본 선교를 향한 복음의 통로가 되어 왔습니다. 복음과 하나님나라에 대한 순수한 열정이 없었다면 불가능한 여정이었습니다. 삿포로 지역에서의 복음 전파는 이 시대의 사도행전입니다. 이 책을 읽는 모든 이들이 선교적 삶과 헌신으로 변화되기를 소망하며 귀한 책의 출간을 축하드립니다.

이재훈 온누리교회 담임목사

올해 읽은 책 중에 가장 감동적인 하나님의 역사의 기록입니다. 우리 하나님은 말씀하시는 분인 동시에 기록하게 하시는 분입니다. 그리하여 당신이 성취하신 위대한 사건을 현장에 있는 사람뿐 아니라 그때 거기에 없었던 사람들에게도 알리길 원하십니다. 저자를 가장 피하고 싶은 나라 일본으로 보내시고, 삿포로에 빛나는 십자가를 세우신 기록은 간결하지만 깊은 감동을 줍니다. 하나님께서 어떤 부류의 사람을 구원하길 기뻐하시는지 깨우쳐 줄 아름다운 기록입니다. 선교 현장뿐 아니라 목회 현장에서도 이런 기록이 속출하길 소원합니다.

정근두 울산교회 원로목사, 에스라성경대학원대학교 신임총장

일본 삿포로에 갔을 때 이수구 선교사가 혼자서라도 날마다 새벽기도하는 모습을 보며 감동을 받았습니다. 일본에서 보기 힘든 특별한 선교사의 모습이었습니다. 성령 충만함을 받고 일본 사역지에서 복음을 전해 온 그의 사역을 이렇게 책을 통해 접할 수 있어 기쁩니다. 하나님의 일하심을 간접적으로나마 경험하고 싶은 이들에게 특별히 추천합니다.

정필도 부산 수영로교회 원로목사

삿포로의 빛나는 십자가

삿포로의
빛나는 십자가

이수구

좋은씨앗 omf

삿포로의 빛나는 십자가

초판 1쇄 인쇄 2020년 12월 1일
초판 1쇄 발행 2020년 12월 15일

지은이 이수구
구성, 편집 이기섭
펴낸이 신은철
펴낸곳 좋은씨앗
출판등록 제4-385호(1999. 12. 21)
주소 서울시 서초구 바우뫼로 156(MJ 빌딩), 402호
주문전화 (02)2057-3041 주문팩스 (02)2057-3042
이메일 good-seed21@hanmail.net
페이스북 facebook.com/goodseedbook

ISBN 978-89-5874-348-4 03230

이 책은 저작권법에 따라 보호받는 저작물이므로 무단전재와 무단복제를 금합니다.

하나님의 사랑으로 눈벽을 녹인 25년 일본 선교 이야기

들어가는 글 11

1부 / 하나님이 일본을 사랑하시니
나도 일본을 사랑합니다 17 뜻밖의 선교 24 우여곡절의 운전면허증 27 그날 밤의 부르심 30 선교사 훈련 36 당신은 일본으로 가면 좋겠습니다 39

2부 / 혹시 장례식도 치러 줍니까?
톤덴 그리스도교회 47 왜 열매가 없을까? 51 교회에서 장례식도 치러 줍니까? 55 톤덴 신사 제사장의 회심 59 구원 행렬 62

3부 / 예수님이 누구신가요?
빛의 아이들 69 문간방 고교생 카페 74 하라다 씨, 제 손을 꼭 쥐어 주세요 78 어둠의 사슬을 끊고 82

4부 / 아름다운 이별
행복한 천국의 교제 89 어딘가 남겨진 외로운 영혼 92 더 넓은 예배당이 필요해요 95 기적의 예배당 98 아름다운 이별 103

5부 / 삿포로 국제그리스도교회
첫 번째 안식년 109 젊은이, 도시, 그리고 제자들 112 같이 놉시다 117 함께 자라가는 성도들 122 다섯 개의 셀 128 뉴라이프 8주간 성경공부 132 오늘 저를 도와줄 누군가를 기다리고 있었습니다 135

6부 / 작고 아름답고 의미 있는 것

작고 아름답고 의미 있는 것 143 오른손은 주님의 것 149 앗, 타카시가 웃고 있어요 154 히키코모리, 그 아픔의 강을 건너며 159 복음의 손 165

7부 / 삿포로의 빛나는 십자가

두 번째 기도제목 173 불행했으나 천국 복을 누린 사람 180 십자가는 내 손으로 183 가득 채우리라 189 주차장도, 납골당도, 목사관까지 192 하나님의 영광이 강물처럼 온 세상에 198

8부 / 신단을 태우다

즐거운 주일학교와 찬양하는 청년들 205 평생 걸리는 긴 여정 211 천상의 예배 214 신단을 태우다 218 일본을 흔들어 깨워 주소서 223 이 선교사가 대표를 맡아 주시지요 228

9부 / 나는 영원한 일본 선교사

일본 교회의 미래, 불꽃 청년들 237 결말을 보라 247 삿포로를 떠나며 251 나는 영원한 일본 선교사 257

들어가는 글

아내와 어린아이 둘을 데리고 갈 곳도 모른 채 부르심을 따라갔다. 30여 년 전이다. 우리를 인도하는 빛은 일본의 최북단 홋카이도 삿포로에 머물렀다. 빠르면 10월부터 눈이 내려 이듬해 5월까지 쌓이는 눈부신 얼음의 땅. 이곳은 꿈에도 생각지 못한 선교 여정의 시작이었고, 내 인생에서 가장 아름답고 빛나는 시간이었으며, 하나님의 살아 계심을 목도하며 선교 사역을 마친 곳이다.

일본을 선교사들의 무덤이라고 부른다. 기독교가 들어온 것은 우리나라보다 앞섰지만, 기독교인 수는 전체 인구의 0.4퍼센트에 불과할 만큼 선교가 힘든 곳이다. 나는 본능적으로 일본에 반감을 갖고 있는 보통의 한국인이었다. 그러나 이 부족한 종을 일본 땅으로 이끄신 하나님은 복음의 변방에서 차갑게 얼어 있는 일본인들의 영적 무감각을 흔들어 깨우는 강한 권능과 뜨거운 사랑을 보여 주셨다.

톤덴 그리스도교회와 삿포로 국제그리스도교회를 섬기며 경험한 크고 작은 일들을 기록으로 남기려는 데는 세 가지 뜻이 있다. 첫째는, 나의 경험이 일본 선교사로 지원하는 후보생들에게 도움이 되고 그 땅에 소망을 갖게 하기 위해서다. 둘째는, 이미 일본에서 고군분투하며 사역하고 있는 동료 선교사들을 격려하기 위해서다. 기억과 표현의 한계로 생생하게 전달하지 못한 부분이 많지만, 성령께서 읽는 이들에게 필요한 은혜를 부어 주실 줄 믿는다. 마지막으로, 삿포로에서 사역할 때 기도와 격려와 물질로 함께해 온 후원교회와 후원자들에게 하나님이 함께하신 일을 나누기 위해서다.

부족한 책에 격려의 글을 써 주신 이동원 목사님, 정필도 목사님, 정근두 목사님, 이재훈 목사님께 진심으로 감사드린다. 이 책이 나올 수 있도록 필자를 사랑으로 독려해 준 한국 OMF 동원 디렉터 손창남 선교사님께 깊은 감사를 드린다.

사랑의교회 고 옥한흠 목사님은 삿포로를 방문할 때마다 우리 부부와 따뜻한 교제를 나누었고, 진정으로 영혼을 사랑하는 사역자의 모습이 어떠해야 하는지 직접 보여 주셨다. 지구촌교회 이동원 목사님도 몇 차례나 삿포로를 방문해 우리 교회와 가정을 격려해 주셨다. 부산 수영로교회 정필도 목사님 부부도 어려움을 겪고 있던 우리 부부에게 큰 영적 위로를 주셨다. 합동신학대학원의 윤영탁 명예교수님은 삿포로에 와서 말씀을 전하시고, 우리가 선교 사역의 크고 작은 전환점을 돌 때마다 꼭 필요한 충고와 격려를 해주셨다. 같은 대학원의 김학유 교수님은 톤덴 교회 시절부터 찬양팀을 데려와 교회 사역에 큰 지지대가 되어 주셨다. 동성교회 안두익 목사님은 여러 차례 교우들과 함께 삿포로를 찾아와 허물없이 마음을 나누는 좋은 친구가 되었고 서로의 사역을 축복했다.

OMF의 곽도윤 권사님은 일부러 우리 아들을 만나며 세밀하게 우리 가정의 필요를 채워 주셨다. 숱한 신학교 동기 목사님들과 후원교회 성도님들, 우리를 파송한 모교회 홍정식 목사님, 일본 선교의 동역자들, 물심양면 우리 가정을 위해 기도하며 염려해 주신 양가 어머님들, 나를 주님의 길로 인도해 주고 지금은 공군부대에서 민간 군목으로 사역하는 형님, 우리가 한국을 방문할 때마다 거처를 마련해 주고 물심양면으로 섬겨 준 큰처형 및 양가 형제들과 가족 친척들 모두 우리 가족과 함께 선한 싸움을 싸워 준 그리스도의 군사들이다. 진심으로 한 분 한 분에게 감사드린다. 이 작은 책이 완성되기까지 조언을 준 이기섭 작가님에게도 감사드린다.

그리고 평생 변함없는 동역자 아내 김숙일 선교사와 사랑하는 아들 성진, 딸 윤진이에게 마음으로부터 더할 수 없는 사랑과 감사를 전한다.

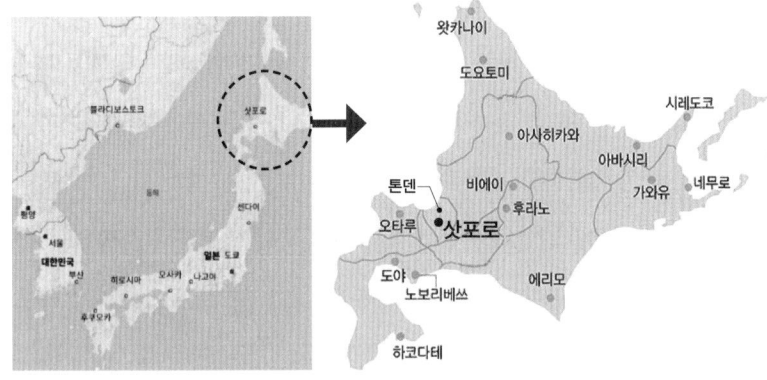

홋카이도 / 삿포로

홋카이도는 남한보다 약간 작은 면적의 일본 최북단 섬이다. 도청 소재지인 삿포로는 일본에서 다섯 번째로 인구가 많은 도시로서 홋카이도의 문화, 경제, 산업, 관광 등의 중심지다. 여름철 평균 기온은 25도, 겨울철 도시의 평균 기온은 영하 8도 이하다. 경관이 맑고 깨끗하며 매년 겨울에 열리는 삿포로의 눈축제는 세계 3대 축제 중 하나이기도 하다. 홋카이도의 인구는 약 550만 명으로 감소 추세에 있으며, 교회 수는 400곳으로 한 교회가 담당해야 할 인구는 13,700명에 달한다(2013년 기준). 인구 감소 추세에 비해 지방의 과소화 진행은 더 빨라 도시와 지방 교회의 협력이 더욱 필요하다.

[일본복음선교회 제공]

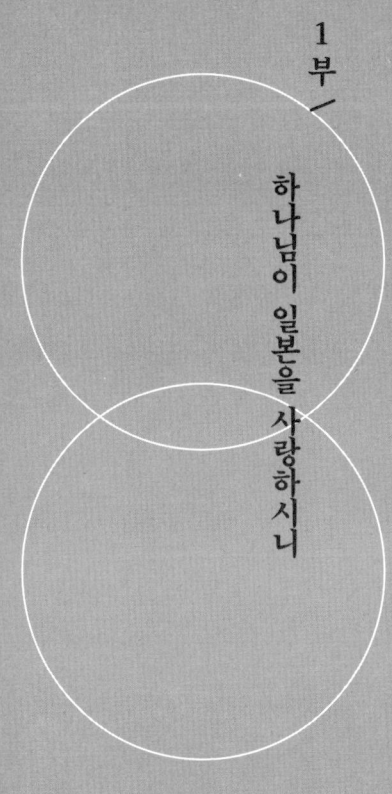

1부 / 하나님이 일본을 사랑하시니

"하라다 씨, 예수 그리스도를 영접하기 원하시면 제 손을 꼭 쥐어 주세요."

임종이 가까워진 하라다 씨는 눈도 뜨지 못했다. 나는 그의 귀에 가까이 대고 말했다.

"예수님을 믿어야 구원받습니다."

완고한 불교 신자인 하라다 씨 부인이 잠시 병상 옆을 비운 사이, 교인인 그의 아들이 007 첩보 영화라도 찍듯 작전을 펴서 겨우 마련한 자리였다.

하라다 씨는 일제 강점기 때 군인으로 우리나라에 왔었다. 처음 그를 만나던 날, 내가 한국에서 온 선교사라는 소리를 듣고도 그는 아무렇지 않게 그 이야기를 늘어놓았다. 선교사로 일본에 올 때 각오한 일이지만 솔직히 불쾌했다. 잘못을 인정할 줄 모르는 이런 사람들조차 예수님은 기꺼이 사랑하고 용서하실 테지만 나에겐 쉽지 않은 일이었다. 그러나 나는 선교사였다. 서운한 마음은 접어두고 기회가 생길 때마다 하라다 씨를 방문했다.

오늘, 하라다 씨는 병상 위에서 자신의 모든 것을 내려놓아야 하는 삶의 마지막 순간을 맞이했다. 나는 하라다 씨가 단 한 가지만은 가지고 떠나길 바랐다. 의식이 남아 있는 것 같지 않았다.

나는 간절히 기도하며 그의 손을 놓지 않았다.

"주님, 하라다 씨가 예수님을 믿고 떠날 수 있게 해주세요."

아주 천천히 하라다 씨의 손에 힘이 들어갔다. 그는 마지막 남은 힘을 짜내듯 내 손을 꼭 쥐었다.

나도 일본을 사랑합니다

홋카이도 삿포로 시, 집값이 싼 외곽지역 도로변에 있는 OMF 본부는 옛날 하숙집을 개조한 낡은 건물이었다. 신임 일본 선교사들이 의무적으로 일본어를 배우는 언어학교는 그 안에 있었다. 옆으로 트럭이라도 지나가면 건물은 지진이 난 것처럼 심하게 흔들렸다.

신임 선교사인 나와 아내는 이곳에서 2년 동안 일본어와 문화를 배워야 했다. 일본어 선생과 일대일로 하루에 세 시간씩 공부를 했다. 일본어는 우리말과 어순이 같아 배우기 쉽다고 생각했으나 발음부터 난관에 부딪쳤다.

"아, 이, 우, 에, 오……타, 치, 츠……"

나는 제대로 발음한다고 하는데도 일본어 선생은 수십 번씩 반복하게 했다. 한 시간 동안 '츠' 발음만 한 적도 있었다. 현지 언어를 유창하게 하는 것은 선교사들에게 가장 중요한 전도 무기다. 그 무기를 갖추자니 혀가 꼬일 지경이었다.

우리는 수업 시간에 신앙에 관한 이야기를 나누기도 했다. 나를 가르친 코마코메 선생은 기독교인이었다. 그가 수업 도중에 내게 물었다.

"왜 일본어를 배우십니까?"

"일본인을 좋아하기 때문입니다."

선생은 내 대답이 뜻밖이었는지 의아하다는 표정으로 다시 물었다.

"그래요? 일본인을 좋아하는 특별한 이유가 있습니까?"

한국의 적지 않은 사람들이 일본인을 좋아하지 않는다는 걸 그도 알고 있었다. 일본의 다른 것들을 좋아한다고 말하지 않고, 그저 일본 사람이 좋다는 나의 대답이 오랫동안 많은 신임 선교사들을 가르쳐 온 그에게도 의외였나 보다.

부족한 일본어지만 나는 진심으로 대답했다.

"하나님이 일본인을 사랑하시기 때문입니다. 그래서 나도 일본인을 사랑합니다."

코마코메 선생은 이내 표정을 풀고 눈웃음을 지으며 말했다.

"참 좋은 대답입니다."

일본, 일본인. 사실 나는 일본을 좋아한 적이 없었다. 그들이 우리나라에 저지른 잘못을 용서한 적도 없었다. 선교사가 되기로 서원하던 당시에도 결코 일본을 사역지로 머릿속에 그리고 있지 않았다. 그런 내가 일본인을 사랑하게 되었다. 주님의 일은, 특히 선교는 사랑할 수 없는 대상을 사랑하는 데서 시작해야 하는 일이라는 것을 주님이 깨닫게 하셨기 때문이다.

눈의 도시 삿포로의 3월이 시작되었다. 절기로는 봄이지만 창밖으로 보이는 홋카이도의 겨울은 아직 끝나지 않았다. 그러나 겨우내 사람 키만큼 쌓여 있던 눈벽은 어느새 다가온 봄볕에 조금씩 녹아내리고 있었다. 한겨울 결코 사라질 것 같지 않던 단단하게 얼어붙은 눈도 봄날의 태양 앞에선 버티지 못했다.

일본인들의 차디찬 마음을 녹일 수 있는 것은 오직 예수님의 사랑뿐. 어느덧 일본에 도착한 지 석 달이 지나고 있었다.

"하나님이 일본인을 사랑하시기 때문입니다. 그래서 나도 일본인을 사랑합니다."
OMF 일본어 학교 앞(1992년)

일본 하네다공항에 내리던 날, 얼굴을 에일 듯한 차가운 겨울바람이 우리 가족을 맞이했다. 30년 전, 1990년 12월 4일이었다. 공항의 칼바람은 일본의 선교 사역이 만만치 않은 냉랭함에 부딪칠 것이라는 예고 같았다. 우리는 복음을 전하겠다는 뜨거운 믿음만 있을 뿐 겁 없는 신임 선교사였다.

싱가포르 OMF 본부에서 일 년 반의 선교사 훈련을 마치고 무더운 창이공항을 떠날 때는 여름 옷차림이었다. 타이베이공항에서 비행기를 갈아탈 땐 봄옷으로 갈아입었고, 일본에 도착해선 가지고 있는 옷을 죄다 껴입어야 했다. 그래도 추위가 감당이 안 되어, 삿포로 여정에 동행했던 미국 신임 선교사 캐서린이 자기 옷을 나눠 주었다.

보통 싱가포르에서 일본으로 가는 선교사들은 따뜻한 5월에 들어간다. 특히 신임 선교사들은 홋카이도 삿포로의 언어학교에서 의무적으로 일본어를 배워야 하므로 폭설과 추위로 얼어붙는 홋카이도의 겨울은 될 수 있는 한 피하려고 한다. 그러나 12월이 되어서야 마지막 훈련을 마친 우리는 이듬해 5월까지 기다릴 수 없었다. 추운 겨울이라 해도 그곳은 하나님이 우리에게 허락하신 땅이었다.

그날 저녁, 우리 가족은 도쿄의 비즈니스 호텔에서 하룻밤을 지냈다. 우연히 텔레비전을 켜자 온갖 음란한 장면이 쏟아졌다. 나는 소스라치게 놀라 텔레비전을 껐다. 그것이 원하면 카드를 사서 보라는 포르노 광고였음을 나중에야 알았다. 편의점 진열대에 보기에도 민망한 만화들이 버젓이 나와 있고, 젊은이들은 아무렇지 않게 그걸 살다. 겉보기에 더없이 깔끔하고 친절하고 정숙한 일본인들의 내면이 그리스도의 복음 대신 허망하고 음란한 것으로 가득 차 있었다.

다음날 우리 가족은 겨울옷으로 중무장을 하고 홋카이도 삿포로로 가는 저가 비행기에 몸을 실었다.

삿포로 치토세공항. 드디어 최종 목적지에 도착했다. 꿈도 작고 한없이 위축되어 있던 연약한 청년에게 주님이 선교사의 비전을 심으시고 10년 만의 일이었다.

'이렇게 가까운 곳을 참 멀리도 돌아왔습니다.'

공항에는 일본 OMF 디렉터 짐 퍼니호프와 언어학교 교장 멜빌 치토 선교사가 나와 있었다. 춥다고 꽁꽁 싸매고 온 우리를 향해 선배 선교사들은 환영의 덕담을 해주었다.

"선교사님은 복도 많아요. 원래 이르면 10월부터 눈이 와서 이때쯤 산같이 쌓이거든요. 올해는 이상하게 날씨가 따듯하고 눈도 늦네요."

'따듯하다고? 정말?'

우리 가족은 OMF 일본어 센터 근처에 있는 쿠로다 하우스에 거처를 정했다. 쿠로다 하우스는 오래된 2층 건물이었다. 1층은 우리가 쓰고, 2층은 스위스인 한즈웰리 겔스터와 영국인 아내 웬디 선교사가 썼다. 곧 아기가 태어날 예정이라 웬디의 배는 남산만하게 불러 있었다.

눈 쌓인 삿포로 시

며칠 후, 홋카이도에 눈이 쏟아지기 시작했다. 밤새 쉬지 않고 쏟아지는 폭설을 뚫고 아침부터 우리를 찾아온 세 가정이 있었다. 우리가 혹시 추울까 봐 두꺼운 옷과 눈에 미끄러지지 않는 신발을 챙겨 온 것이다. 언어도 서툰 미지의 땅에 아내와 어린 자녀 둘을 데리고 왔지만 두려움은 느낄 새가 없었다. 우리를 환영하고 기꺼이 섬기는 동료들이 있었기 때문이다. 그들의 지극한 섬김이 우리에게 큰 위로가 되었다.

아이들은 싱가포르에선 보지 못한 눈을 헤집고 다니며 놀았다. 커다란 눈구덩이에 들어가기도 하고, 두 볼이 트도록 썰매를 탔다. 아이들의 썰매는 차 없는 우리가 양옆으로 높이 쌓인 눈벽 사이로 장본 것을 운반하는 필수품이 되었다. 며칠 후, 우리 가족은 지독한 감기와 몸살을 앓았다.

삿포로 언어학교의 일본어 선생들은 대개는 엄격해서 사담 없이 수업에만 충실했다. 그러다 조금씩 일본어가 늘면서 우리는 수업 중에 선생들과 종종 신앙 문제나 개인적인 이야기를 나누는 데 재미를 느끼기 시작했다.

어느 날인가 우리가 수업 중에 또 신앙 문제로 대화를 나누자 언어지도 담당관인 랄프 마틴 선교사가 파리채를 들고 슬며시 교실로 들어왔다. 그는 아무 말 없이 파리를 잡는 척 벽을 때리며 돌아다녔다.

"착! 착!"

"이제 그만 잡담하고 진도 나가세요"라는 눈치주기였다. 그러면 우리는 한바탕 웃으며 수업으로 돌아갔다.

언어학교의 일본어 선생들은 여러모로 우리 선교사들을 도와주었다. 어머니가 돌아가셨어도 힘든 티를 내지 않은 아카이 선생. 시원시원하게 가르쳐서 인기 많던 이시이에 선생. 특히 코마코메 선생은 정월 초하루에 일본의 전통음식을 만들어 우리집에 갖다주고, 내 아내에게 기모노를 입히고 사진을 찍어 주기도 했다.

우리는 그들을 통해 언어뿐 아니라 일본인과 일본의 전통, 문화 등을 배워 나갔다.

뜻밖의 선교

일본어로 어느 정도 의사표현을 할 수 있게 되면서 훗카이도신학교와 출석하는 교회에서 간증을 할 기회가 조금씩 생기기 시작했다. 우리 가족은 근처에 있는 사카에 그리스도교회에 다녔다. 사카에 교회의 나바나 담임목사 가정에는 우리 아이들 또래의 자녀들이 있어 매주 한 번씩 서로의 집에서 식사를 하며 가족끼리 친밀한 교제를 나누었다.

사카에 그리스도교회 교인들은 한국인인 우리가 일본에 선교하러 온 것에 대해 여러 가지로 궁금해했다.

"왜 일본에서 선교하려는 마음을 갖게 되었나요?"

"어떤 인도하심을 받고 이곳까지 왔나요?"

내 대답은 한 가지였다.

"오직 하나님께 순종함으로 여기까지 왔습니다."

한국인의 일본에 대한 감정이 그리 좋지 않다는 것을 아는 교인들은 이 말에 가장 감동받는 것 같았다. 그들은 진지하게 묻기도 했다.

"혹시 제가 한국에 가면 일본이 이전에 한국인에게 했던 악한 일 때문에 저를 돌로 치지 않겠습니까?"

30년 전, 1990년대의 일본 사람들은 진심으로 이 문제를 궁금해 했다.

"그렇지 않습니다. 특히 한국의 그리스도인들은 일본의 복음화를 위해 열심히 기도하고 있습니다."

나는 자신 있게 말했다. 일본을 싫어했던 나부터가 증인이었다. 일본 교인들은 적이 마음이 놓이는 눈치였다.

교회에 대한 진지한 질문도 있었다.

"한국 교회는 부흥하는데 왜 일본 교회는 그렇게 되질 못합니까?"

일본어 실력이 부족해 충분한 대답은 못했지만, 우리로 인해 일본 기독교인들이 자신들의 교회에 문제의식을 갖고 스스로를 돌아보게 된 것 같았다. 이것도 선교의 좋은 출발로 느껴졌다.

업무상 사할린에 자주 드나드는 한 일본 기독교인을 만난 적이 있었다. 그는 우리가 한국 사람인 것을 알자 반가워하며 말을 걸었다.

"혹시 한국어로 된 성경을 얻을 수 있을까요? 제가 가는 사할린 지역의 어떤 한국 사람이 한국어 성경을 간절히 갖고 싶어 합니다."

마침 집에 새 주석성경이 있는 게 생각나 사할린에 가기 전에 우리집에 들르면 드리겠다고 했다. 정말 그는 꽤 먼 거리에 있는 우리집으로 성경을 가지러 왔다. 나는 성경에 격려의 글을 몇 자 적어 그분에게 드렸다. 얼마 후, 사할린의 한인교회 목사님으로부터 성경이 무사히 전달되었다는 소식을 들었다.

일본인을 전도하러 왔다가 뜻하지 않게 사할린 동포에게도 복음을 전할 수 있었다. 홋카이도에는 중국과 러시아에 사업차 왕래하는 일본 기독교인들이 많다. 그들을 통해 추위와 가난에 시달리는 사할린의 한국 동포들에게 주님의 소망을 전할 수 있다면 이보다 더 귀한 선교가 없을 것이다.

사할린으로 한국인들을 강제로 끌고 간 것이 일본 아닌가. 일본 기독교인들이 그곳의 우리 동포들에게 복음의 메신저가 되어 준다면 조금이나마 선조들의 잘못을 갚을 수 있는 기회가 되지 않을까? 주님은 인간이 저질러 놓은 어떤 악한 상황도 그분의 선한 뜻을 좇아 회복시키시는 놀라운 분이라는 것을 새삼 깨달았다.

우여곡절의 운전면허증

홋카이도는 대중교통인 버스와 전차, 지하철 등이 있지만 자주 다니지 않고 교통비가 아주 비싸다. 추운 겨울이 길고, 빠르면 10월부터 늦으면 이듬해 5월까지 눈이 내린다. 폭설이 오면 보통 어른 키가 넘게 눈이 쌓이기 때문에 아이들을 유치원에라도 데려다주려면 중고라도 승용차는 필수품이다. 일본에 도착한 지 8개월쯤 되었을 때, 나는 앞으로의 사역을 위해 운전면허를 따기로 했다.

삿포로의 물가는 한국보다 몇 배나 비싸 매번 우리 부부는 충격을 받곤 했다. 운전면허를 따는 데도 한국보다 비용이 열 배는 더 들었다. 적은 선교비로는 감당할 수 없어 망설이다가 마침 고마운 분들로부터 헌금이 들어와 용기를 내서 도전했다.

운전학원에 등록을 했다. 기능시험은 문제되지 않았지만, 90점 이상 받아야 하는 필기시험은 전문용어가 많아서 어려웠다. 문제집을 사서 열심히 공부하며 간절히 기도하는 수밖에 없었다.

"주여, 이 면허시험을 통해 하나님이 저와 함께하심을 깨닫게 해 주옵소서."

밥상머리에서 우리 아이들도 고사리 손을 모으고 기도했다.

"하나님, 아빠가 운전면허를 빨리 따게 해주세요."

지금 생각해도 웃음이 나지만 우리는 그만큼 간절했다.

놀랍게도 처음 본 필기시험에 단번에 통과했다. 가족들은 물론이고 동료 선교사들도 모두 기뻐하며 축하해 주었다. 위층에 새로 이사 온 랑한스 선교사 부부는 축하한다며 선물까지 내밀었다.

다음날 운전학원에 갔는데 전날 내가 합격한 것은 '가면허' 시험이라고 했다. 그 '가면허'를 가지고 그날부터 시내에 나가 주행연습을 하고, 두 주 후에 정식으로 면허시험장에서 다시 시험을 치러야 한다고 했다. 모두들 운전면허 시험에 합격했다고 축하까지 해주었는데. 그게 '가면허'였다니. 가면허와 정식면허도 구분하지 못할 정도로 나의 일본어 실력은 아직 형편없었다.

가족 말고는 아무에게도 알리지 않고서 다시 시험공부에 매달렸다. 정식 필기시험은 100문제를 50분 동안 풀어 90점을 맞아야 했다.

"하나님, 살려주세요."

일본어가 부족한 내가 가진 것은 기도할 힘뿐이었다. 시험을 치르고 결과가 발표될 때까지 두 시간을 기다려야 했다. 나는 시험장 울타리 밖 나무 아래 나뭇잎이 소복이 쌓인 곳에서 무릎을 꿇고 기도했다. 겨울이 시작되는 11월 초, 아침에 금식을 하고 추운 곳에서 무릎까지 꿇으니 한기가 몰려왔다.

한 시간 넘게 기도한 후, 전광판 앞에서 시험 결과를 기다렸다. 얼마나 지났을까. 전광판이 밝게 빛을 내며 내 수험번호를 띄웠다. 합격!

"할렐루야, 주님 감사합니다."

일본에 도착한 뒤 11개월 만에 딴 운전면허증은 단지 차를 움직일 수 있는 면허가 아니었다. 앞으로 일본 사역에 하나님이 나와 함께하시겠다는 보증서였다.

나는 그렇게 믿었다. 그렇게 기도했으니까. 주님이 나를 선교사로 부르신 스물다섯 어느 여름밤, 그날부터.

그날 밤의 부르심

군복무를 마치고 신학대학 3학년으로 복학한 1982년 여름, 예배를 마치고 1층 복도를 지나치다 나는 우뚝 멈춰 섰다. 게시판에 붙은 세계선교대회 포스터에 내 눈을 사로잡는 이름 하나가 있었다.

'조이 도우슨이 온다고?'

동부전선 보병연대 군종으로 복무할 때, 나는 그의 설교 테이프를 자주 들었다. 당시 군목인 현요한 목사님(전 장신대 조직신학 교수)이 빌려 준 것이었다. 특별히 〈용서〉라는 테이프는 열 번 이상 들었다. 용서가 하나님을 경외하는 증거이며, 이를 통해 진정한 자유와 해방을 얻는다는 말씀이 그렇게 은혜로웠다.

세계선교대회가 열리는 날이었다. 8월 중순, 유난히 뜨거운 여름이었다. 여의도 순복음교회 예배당 안은 바깥보다 더 후끈 달아올라 있었다. 세계선교를 꿈꾸는 청년들의 열렬함으로 터질 듯했다. 나는 주눅이 들어 적당한 자리를 찾아 숨듯 앉았다. 솔직히 그때 나는 조이 도우슨을 보러 간 것이지 세계선교에는 관심이 없었다.

연단 위의 조이 도우슨은 열왕기하 19장으로 말씀을 선포했다. 앗수르 군대장관 랍사게가 남유다 왕 히스기야를 조롱하는 구절이었다.

"네가 믿는 네 하나님이 예루살렘을 앗수르 왕의 손에 넘기지 아니하겠다 하는 말에 속지 말라"(왕하 19:10).

하나님마저 비웃는 랍사게의 말에 히스기야 왕과 방백들은 대꾸도 못하고 침묵할 뿐이었다. 마치 내 모습 같았다.

나는 연약하고 기가 죽어 있었다. 태어난 지 얼마 안 되어 아버지가 돌아가셨고, 엄격한 어머니 대신 할머니 품에서 자란 탓도 있었다. 좋은 학교에 척척 붙은 누나와 형에게 열등감도 있었다. 신학대학을 다니면서도 하나님의 큰 능력 같은 것은 기대하지 않았다. 그저 목사가 되면 시골의 작은 교회에서 시무하며 평생을 보낼 생각이었다.

그날 밤, 조이 도우슨은 설교를 마치면서 회중을 초청했다.

"여러분 중에 오랫동안 주를 섬겼지만 자기 안에 계신 크고 위대한 분을 인간의 경험과 환경, 지식으로 제한하고, 자신이 믿는 하나님은 너무 초라하고 쉽게 조롱받을 만큼 연약한 분이라고 생각하는 사람이 있다면, 이 시간 하나님 앞에서 회개하십시오. 다시 한번 당신의 삶을 향해 하나님이 뭐라고 말씀하시는지 그 음성에 귀 기울이지 않겠습니까?"

한마디 한마디가 나를 향한 음성이었다. 편협한 생각 안에 늘 하나님을 제한해 온 나의 믿음 없는 태도가 얼마나 하나님을 아프시게 했을까? 나는 울며 회개했다.

조이 도우슨의 초청은 거기서 끝나지 않았다.

"여러분 중에서 하나님이 선교사로 부르신다면 순종하기 원하는 분이 있습니까? 자신은 결코 선교사로 쓰임받을 수 없다고 생각했을지 모르지만, 오늘 하나님의 능력을 제한하지 않고 부르심에 응답하고 싶은 분은 앞으로 나오십시오."

대담한 초청에 나도 모르게 벌떡 일어나 강단 앞으로 향했다. 걸어가는 동안, 연약함에 갇혀 매사에 부정적이던 내 모습이 주마등처럼 지나갔다. 그러나 이제는 하나님이 부르시고 함께하신다면 어디서 무엇을 하든 주님께 영광 돌릴 수 있다는 확신이 들기 시작했다.

그날 밤 나는 선교사가 되기로 결심했다.

선교사 서원을 하고 기숙사로 돌아오는 버스 안에서, 내 마음은 기쁘면서도 한편으로는 불안했다.

'정말 하나님의 부르심이 맞는 걸까? 내가 흥분해서 잘못 생각한 것은 아닐까?'

다음날 아침, 홀로 빈 강의실로 들어갔다. 어제 서원한 것이 정말 주님의 부르심인지 확인해야 했다. 평소처럼 성경 본문을 찾아 읽었다. 그날의 말씀은 이사야 55장 8-9절이었다.

"이는 내 생각이 너희의 생각과 다르며 내 길은 너희의 길과 다름이니라 여호와의 말씀이니라 이는 하늘이 땅보다 높음같이 내 길은 너희의 길보다 높으며 내 생각은 너희의 생각보다 높음이니라."

이사야 시대의 유대 백성들은 하나님에게 그리 큰 기대가 없었다. 그러나 하나님은 당신 백성들을 향해 그들의 생각과 다르고 그들의 길보다 높은 특별한 계획을 갖고 계시다는 말씀이었다.

나는 이 구절을 주님이 내게 주시는 말씀으로 받아들였다. 그 후로는 세계선교에 대한 주님의 부르심을 한 번도 의심하지 않았다. 나는 선교 준비에 초점을 맞추어 모든 계획을 세웠다. 신학 공부도 열심히 하고, 선교단체인 예수전도단(YWAM)에 들어가 훈련도 받았다. 하나님은 그곳에서 때에 맞춰 예비하신 아내, 김숙일 선교사를 만나게 하셨다.

신학대학원 2학년 때 결혼을 하고 과천 새서울교회의 중고등부 전도사로 부임했다. 이 교회의 교역자들은 겨울마다 온누리교회에서 열리는 데니스 레인 강해설교 세미나에 참석했다. 데니스 레인 목사는 변호사 출신으로 OMF 소속 선교사였다. 나는 이 세미나를 통해 OMF 선교 사역에 관심을 갖게 되었다.

전임 전도사로 새벽부터 밤늦게까지 분주하게 지내는 사이 아들 성진이와 딸 윤진이가 태어났다. 선교사로 서원한 지 어느덧 6년이 지나고 있었다. 바쁜 교회 사역과 두 아이를 둔 가장의 책임감의 무게에 선교사로의 부르심은 어느새 뒤로 밀려나 있었다.

1988년 6월 어느 날, 새벽기도 중 갑자기 하나님께서 내게 급박한 마음을 주셨다.

"이제 나에게 약속한 대로 선교사로 나가라."

나는 당황했다.

"주님, 지금 아내가 둘째를 낳은 지 한 달밖에 되지 않았습니다. 큰애는 두 살이 안 되었고요. 이제야 생활이 안정되기 시작했는데 좀 더 있다 가면 안 될까요?"

그러나 기도하면서 하나님이 주신 마음은 달랐다.

"하나님이 기뻐하시는 뜻은 하나님이 가라는 곳에서, 하나님의 때에, 하나님이 하라는 일을 하는 것이다."

시간이 지날수록 선교사로 나가라는 명령에 순종해야 한다는 확신이 들었다. 그러나 출산 후 아직 몸도 추스리지 못한 아내에게 어떻게 말할지 고민이 되었다. 나는 조심스럽게 아내에게 새벽기도 때의 일을 얘기했다.

아내는 깜짝 놀라며 말했다.

"사실 나도 아이들이 잠든 사이에 말씀을 묵상할 때면 하나님께서 이제 선교사로 나갈 때라고 말씀하셨어요. 그래서 정말 떠날 때라면 남편과 동시에 같은 마음을 주시고, 남편 입에서 먼저 선교지로 가자는 말이 나오게 해달라고 기도하고 있었어요."

우리 부부는 더 이상 지체해서는 안 된다는 결론을 내렸다. 하지만 아무것도 모른 채 잠들어 있는 어린 두 아이들을 볼 때마다 걱정이 앞섰다. 우리는 다시 무릎을 꿇었다.

"주님, 이 아이들을 장차 어쩌시렵니까?"

하나님은 잠언 14장 26절 말씀으로 우리 부부의 불안을 잠재워 주셨다.

"여호와를 경외하는 자에게는 견고한 의뢰가 있나니 그 자녀들에게 피난처가 있으리라."

선교사로서 우리가 할 일은 하나님을 경외하며 사는 것이었다. 두 아이들은 전적으로 하나님께 맡겼다.

선교사 훈련

서울올림픽이 열리던 1988년 여름, 온 나라가 온통 축제 분위기에 들떠 있었다. 선교사로 나갈 결심을 하고 얼마 지나지 않아 우연히 한국선교훈련원(GMTC)에서 선교사 훈련 3기를 모집한다는 기사를 보았다. 마감일이 얼마 남지 않았다. 아마도 주님의 급박한 부르심이 이런 이유였을 것이다.

우리 부부는 어렵게 마련한 세간살이를 다 처분하고 8월 말, 무더위 속에 훈련원에 입소했다. 선교사 후보생들은 공동생활을 하면서 타문화권 사역자가 되는 훈련을 집중적으로 받아야 했다. 훈련원 개강예배 때 이태웅 목사님은 "선교사가 져야 할 십자가"란 제목으로 말씀을 전했다. 나는 우리 부부는 물론 아이들까지 하나님께 맡기며 어떤 고난이 와도 끝까지 부르심을 따라갈 수 있기를 간구했다.

낮에는 선교사로서 소양을 갖추기 위해 선교학, 영어, 심리검사, 인

성훈련, 타문화권 적응, 선교 현지훈련 등의 수업을 들었다. 시험과 숙제 양이 엄청 많았다.

한국선교훈련원은 옥한흠 목사님, 하용조 목사님 등 뜻있는 분들과 이태웅 목사님의 헌신으로 설립되었다. 아무것도 모르고 준비 없이 선교지에 갈 수도 있는 초보 선교사들에게 정말 요긴하고 소중한 디딤돌 역할을 하는 곳이다. 나는 이곳에서 30여 년간 같이 일본을 섬기게 될 동역자이며 친구인 정지문 선교사를 만났다.

훈련원 3기생은 약 20여 명이었다. 갓 결혼한 신혼부부도 있었고, 우리처럼 자녀가 하나나 둘이고, 연령이 20대에서 30대 후반에 걸친 가정이 많았다. 각 가정마다 방을 하나씩 배정받았고 주방과 욕실은 나누어 썼다. 공동체 생활은 삶과 인간관계의 훈련장이었다. 더 나아가 선교 현지에서 만날 외국인들과 그들의 다른 문화를 배려하고 존중하며 사는 법을 배우는 시간이었다. 열렬한 믿음으로 선교사가 되기로 서원은 했지만, 우리는 다듬을 것이 많은 선교사 후보생들이었다. 공동체 생활을 못 견디고 중도에 나가는 사람도 있었다.

새벽이면 남자들이 몰래 주방에 들어가 전날 저녁에 먹다 남긴 밥이나 누룽지를 찾아서 허겁지겁 먹던 일이 생각난다. 아침식사를 빵으로 간단히 해결하는 것이 한국 남자들의 체질에 영 맞지 않았기 때문이다. 선교사는 먹을 것도 훈련해야 한다.

한국선교훈련원에서 지내는 동안 한국 OMF는 나를 정식 선교사로 받아 주었다. OMF는 "오직 하나님만 바라보며 의지하는 믿음선교"의 아버지 허드슨 테일러가 1865년 세운 중국내지선교회(CIM)를 모태로 한 전통 깊은 선교단체다. 중국내지선교회는 1951년 중국이 공산화되면서 그곳에 있던 선교사들이 아시아 전역으로 흩어지자 본부를 싱가포르로 옮기고, 1964년에 OMF로 명칭을 바꾸었다. OMF 선교사들의 검소한 삶의 태도, 현지인 중심의 섬기는 사역, 그리고 하나님만 바라보는 믿음선교 정신이 나는 좋았다.

소속 선교단체는 정해졌지만 우리는 아직 어느 나라로 나가야 할지를 몰랐다. 마침 내가 사역하던 교회에 인도네시아 선교사인 선배가 와서 주일예배 말씀을 전했다. 같이 점심을 먹다가 내가 선교사로 부르심을 받았다고 했더니 인도네시아를 적극 추천했다. 당시 인도네시아에서는 기독교 부흥이 일어나고 있었다. 나는 그곳에서 교회를 개척해 보리라고 마음먹었다.

OMF는 국제단체라 소속 선교사에게 영어 소통 능력이 중요했다. 나와 아내는 싱가포르에 있는 OMF 본부에서 영어와 타문화권 훈련과 오리엔테이션을 마치고 인도네시아로 들어갈 계획을 세웠다.

한국선교훈련원의 9개월 훈련 과정이 끝날 무렵, 젖먹이이던 딸아이는 아장아장 걷기 시작했다. 1989년 7월 22일, 우리 네 식구는 가족, 친지, 교우들의 환송을 받으며 싱가포르 행 비행기에 올랐다. 선교 초년생의 첫 걸음이었다.

당신은 일본으로 가면 좋겠습니다

싱가포르에 도착한 우리 가족은 로버트 라이 선교사 집에서 며칠 동안 머물렀다. 라이 선교사 부부는 싱가포르에 오는 선교사 훈련생들을 자기 집에서 지내게 하는 것을 사역으로 여겼다. 며칠 후, 우리는 스코트 선교사의 집으로 숙소를 옮겼다. 스코트는 미국 선교사로 이슬람 선교에 헌신한 청년이었다. 그는 무슬림의 친구가 되기 위해 그들이 싫어하는 음식을 먹지 않았고, 라마단 기간에는 그들처럼 낮에 금식을 했다. 형편이 어려운 무슬림을 만나면 집으로 데려와 먹이고 재워 주었다. 그의 삶과 사역은 독특하고 아름다웠다.

국경과 인종을 초월한 예수님 제자들과의 만남은 한국에서만 살아온 우리에게 신선한 충격이었다. 한 달 후, 우리는 싱가포르 북쪽 비산 지역의 작은 아파트에 정착했다.

나와 아내는 OMF 본부 근처에 있는 영국문화원에서 영어를 배웠다. 싱가포르의 무더위 속에서 어린아이 둘을 돌보면서 영어와 타문화 적응훈련을 받기란 쉬운 일이 아니었다. 그래도 우리가 선교사라는 사실을 잊지 않았다. 이웃에 사는 힌두교 인도인 가정과 친구가 되어 담대하게 기독교를 소개하고, 집주인인 말레이시아 가정의 결혼식에 초대되어 가서 복음을 전하기도 했다.

싱가포르에 온 지 3개월쯤 되었을 때, 인도네시아로 들어가려는 우리의 계획이 통째로 흔들리는 일이 생겼다. 비자가 나오지 않은 것이다. 인도네시아에서 기독교 사역을 하려면 신학교 교수요원 비자가 있어야 했다. 그러나 인도네시아 정부는 나의 신학석사 학위를 인정해 주지 않았다. OMF 본부에서는 내가 학위를 따기 위해 공부한다면 후원을 해주겠다고 제안했다. 그 과정은 몇 년이 더 걸리는 일이었다. 인도네시아에서 교회를 개척하는 것이 소명이라고 믿으며 준비해 온 우리는 당황했다.

'혹시 우리가 하나님의 인도하심을 잘못 이해한 것은 아닐까?'

우리 부부는 한 주간 아침 금식을 하며 기도했다.

아내는 데니스 레인의 『하나님의 인도를 받는 방법』이라는 책을 읽고 있었다. 사도행전 10장을 강해한 설교집이다. 데니스 레인 목사는 그 책에서 베드로가 로마 백부장인 고넬료를 만나는 것이 하나님의 뜻인지 깨닫지 못한 이유가 '그의 편견' 때문이라고 했다. 베드로에게는 고넬료와 같은 '더러운 이방인에게 가는 것은 하나님의 뜻이 아니다'라는 확고한 고정관념이 있었다. 우리도 혹시 어떤 편견에 싸여 선교지에 대한 하나님의 음성을 온전히 듣고자 하는 마음이 없는 것은 아닌지 돌아보았다. 아내와 나는 마음의 문을 다 열어 놓고 하나님의 인도하심을 구했다.

우리가 선교사 서원을 하면서 선교지로 전혀 마음에 두지 않은 나라는 단 한 곳, 일본이었다. 한국인이면 알게 모르게 갖고 있는 일본에 대한 거부감이 내게도 있었다.

전도사 시절, 나는 중고등부 학생들을 데리고 화성 제암리교회 역사유적지를 방문한 적이 있었다. 제암리교회는 1919년 4월 19일, 일본 경찰들이 교인들을 교회에 가둔 채 불을 지르고 무차별 총격으로 23명을 살해한 순교 현장이다. 근처 발안 지역에서 일어난 만세운동에 제암리 교인들이 주도적으로 참여한 것에 대한 잔인한 보복이었다. 나는 주일학교 학생들과 함께 제암리 순교지를 돌아보며 일제가 저지른 만행에 얼마나 분개했는지 모른다.

참 이상한 일이었다. 우리 부부가 금식하며 기도할수록 마음이 향하는 곳은 가장 가고 싶지 않던 곳, 일본이었다.

사도 바울은 1차 선교여행 때 개척했던 교회들을 돌아보고 소아시아로 가서 복음을 전하려는 두 번째 선교여행을 계획했다. 그러나 주님은 그곳으로 가는 길을 막으시고 서쪽 드로아 쪽을 향하게 하시더니 환상을 보여 주셨다.

"밤에 환상이 바울에게 보이니 마게도냐 사람 하나가 서서 그에게

청하여 이르되 마게도냐로 건너와서 우리를 도우라 하거늘"(행 16:9).

바울은 성령의 인도에 따라 자신의 계획을 접고 에게 해를 건너 마게도냐로 들어갔다.

나와 아내는 이 본문을 함께 묵상했다. 그리고 기도했다.

"주님, 우리가 일본으로 가길 원하신다면 일본 사람이 우리를 초청하도록 해주세요."

며칠 후, 한국에 있는 형님에게서 소포 하나가 왔다. 소포를 열어 보고 나는 깜짝 놀랐다. 그것은 〈일본을 알자〉라는 세미나 테이프였다. OMF 소속으로 일본에서 사역 중인 김신호 선교사 부부(현 GMS 소속)가 인도한 세미나에 참석했던 형님이 보내 준 것이었다. 인도네시아로 가지 못하게 된 후, 우리는 형님뿐 아니라 누구에게도 다음 사역지로 일본을 생각한다는 말을 한 적이 없었다.

늦은 밤, 나와 아내는 그 테이프를 들었다. 세미나의 초청 연사인 일본 신학생 마츠모도 형제가 한국 선교사들이 부디 일본으로 와서 자신의 나라를 도와야 한다고 호소하고 있었다. 우리는 그 청년의 메시지에 마음이 움직였다. 그러나 테이프 속의 일본인이 아니라 실제 일본인의 초청이 있으면 하나님의 뜻으로 받아들이기로 하고 더 기다려 보기로 했다.

며칠이 지났다. 영어학원에서 함께 수업을 듣는 요시다라는 청년을 집으로 초대했다. 식사도 함께하고 전도도 하기 위해서였다. 같이

싱가포르 OMF 오리엔테이션(1989년)

밥을 먹고 근처 농구장에 앉아 이런저런 이야기를 나누었다.

"당신은 여기서 무슨 일을 하십니까?"

요시다가 물었다.

"저는 기독교 선교사입니다."

이 말을 들은 요시다가 불쑥 말했다.

"저는 기독교인은 아니지만 일본에는 기독교인이 적으니 당신이 일본으로 가면 좋겠네요."

그것으로 우리는 선교지를 향한 마지막 의심에 종지부를 찍었다.

귀국하여 2개월 정도 한국에 머문 뒤, 싱가포르로 돌아가 본부에서 열리는 7주간의 신임 선교사 오리엔테이션에 참가했다. 10개국에서 온 27명의 선교사들과 8명의 아이들이 함께한 이 과정은 선교지로 들어가기 바로 직전의 마지막 훈련이었다. 서로 다른 나라와 문화와 언어를 가졌지만 그리스도의 지상명령에 순종하기로 결단하고 모든 것을 뒤로한 채 함께 모인 우리는, 다시 그리스도의 이름으로 각 나라에 흩어져 복음을 전하게 될 것이었다.

1990년 12월, 함께 오리엔테이션을 하며 든든하게 의지했던 손창남, 안은숙 선교사 가정과도 헤어졌다. 손 선교사 가정은 인도네시아로, 우리는 무엇이 기다리고 있을지 모르는 선교지 일본을 향해 떠날 준비를 했다.

돌이켜보니 나와 아내는 대학 시절, 선교단체 집회에서 일본을 용서하고 그들에게 복음을 전할 수 있기를 간절히 기도했었다. 한국선교훈련원에서 선교지 결정을 위해 기도할 때도 몇몇 교수님들에게 일본으로 가는 게 어떠냐는 권유를 받은 적도 있었다. 그땐 마음이 닫혀 아무것도 보이지도 들리지도 않았는데, 주님은 우리를 처음부터 일본 선교사로 부르고 계셨던 것이다.

하나님은 우리의 기도를 다 듣고 계셨다. 선교지를 정하면서 우리가 경험한 주님의 인도하심에 대한 확신은, 이후 일본에서의 선교 사역 중 한치 앞이 보이지 않는 힘든 상황에서도 낙심하지 않고 앞으로 나아가게 해준 든든한 버팀목이 되었다.

2부 / 혹시 장례식도 치러 줍니까?

홋카이도 톤덴 그리스도교회의 자그마한 2층 사무실에 전화벨이 요란하게 울렸다. 12월 23일 오전 10시. 그날 저녁에 있을 크리스마스 행사를 준비하느라 나는 분주한 터였다. 전화기 너머로 중년 여자의 목소리가 들려왔다.

"여보세요…… 혹시 교회에서 장례식도 치러 줍니까?"

목소리가 심상치 않았다.

"그렇습니다. 시간이 되면 교회에 한번 나오시겠습니까?"

그가 정말 교회에 올 거라곤 기대하지 않았다. 그날따라 눈이 펑펑 쏟아져 땅과 하늘을 구분할 수 없을 만큼 세상은 온통 회색빛이었다.

"그럼 지금 찾아가도 될까요?"

나는 깜짝 놀랐다. 일본 사람들은 그렇게 즉흥적으로 행동하지 않기 때문이다. 정말 얼마 지나지 않아 50대 중반의 부인이 교회로 들어왔다. 옷차림은 수수했고, 얼굴빛은 어두웠다.

"이 추운 날씨에 어떻게 교회에 전화하셨나요?"

부인은 조그만 목소리로 대답했다.

"좀 전에 우리집 우체통에 들어 있는 교회 전단지를 보고 전화했습니다."

그것은 우리 교회의 크리스마스 행사를 알리기 위해 그날 아침에 눈보라를 맞으며 돌린 전도지였다. 전도지를 손에 들고 있는 부인을 보며 나는 속으로 기도했다.

"부디 구원받는 영혼을 한 명이라도 허락해 주시길……."

톤덴 그리스도교회

일본에 온 지 1년 5개월 만에 나와 아내는 언어학교를 졸업했다. 서양 선교사들은 꼬박 2년 간 수업해야 하는 과정이지만, 문법구조가 비슷한 언어를 쓰는 한국인 선교사들은 좀 빨리 끝나는 편이다. 쉬웠다는 건 아니다. 단어 실력을 쌓기 위해 나는 날마다 한자를 40개씩 외워야 했다.

언어학교를 마친 후, 우리가 파송된 첫 사역지는 삿포로 본부에서 멀지 않은 톤덴 그리스도교회였다. 1980년대, 미국에서 온 알렌과 일레인 미첼 선교사가 개척한 곳이다.

톤덴은 삿포로 북쪽 변두리의 주거지역으로 예전에 군대가 주둔했었다고 한다. 군대 식량을 대던 밭이 많아 톤덴(屯田)이라고 불렸다. 바다가 가까워서 겨울에는 바람이 세고 눈이 많이 왔다. 이 지역엔 3만 명 정도의 주민이 살고 있었는데, 기독교 종교 시설은 톤덴 그리

톤덴 그리스도교회 앞에서

스도교회 외에 이단인 여호와의증인의 왕국회관밖에 없었다. 우리 부부가 부임 당시 이 교회에는 마이크와 로에나 메긴티 부부 선교사와 협동 선교사 크리스가 사역 중이었다. 메긴티 부부는 안식년으로, 크리스 역시 1년 안에 모두 미국으로 돌아갈 예정이었다. 교인 수는 장년이 10여 명 정도, 주일학교 어린이는 10명쯤이었다. 메긴티 선교사 부부는 주로 영어 교실을 통해 전도를 했다.

우리는 1년 동안 메긴티 선교사에게 많은 것을 배웠다. 하지만 문화와 생각의 차이도 있었다. 처음 놀랐던 것은 '휴가'였다. 미국 선교사들은 여름에 3주간의 휴가를 내고, 그 기간엔 주일학교를 닫는다고 했다.

'주일학교를 닫다니?'

한국인의 정서로는 이해하기 어려웠다. 한국에서 여름방학은 어린이 선교의 옥토가 아닌가. 여름성경학교부터 수련회까지 교역자들에게 정신없이 바쁜 시간이다. 더구나 선교사에게 3주간의 휴가는 너무 길어 보였다. 보통의 일본 사람들은 1년에 일주일 휴가도 내기 힘든 시절이었다.

'이것이 미국식이구나.'

우리는 선교사의 건강과 휴식을 중요하게 여기는 그들의 문화를 인정했다. 대신 우리 부부가 그들이 휴가를 간 3주 동안 주일학교를 맡았다.

1년 후, 메긴티 가정과 크리스가 미국으로 떠나고 나와 아내가 톤덴 그리스도교회의 전임 사역자가 되었다.

우리 아이들은 근처의 일본 유치원과 초등학교에 들어갔다. 아들 성진이가 초등학교에 들어갈 땐 고민을 했다. OMF에는 선교사 자녀들을 위한 기숙학교가 별도로 있지만, 아이가 그 기숙학교에 다니기 위해 부모 곁을 떠나기엔 아직 어리고, 일본 선교사로서 아이들을 현지인 학교에 보내는 것이 옳은 일 같아 근처의 일본 초등학교를 선택했다. 그러나 선교사 부모를 둔 아이들이 부딪히는 많은 문제들이 있었다.

며칠 후, 초등학교에 입학한 성진이가 학교에서 돌아와 말했다.

"엄마, 나도 일본 아이들과 똑같은 이름을 갖고 싶어요."

"무슨 일이 있었니?"

"아이들이 왜 내 이름은 자기들과 다르냐고 물어요."

우리 부부는 아이가 동요하지 않도록 잘 설명해 주었다. 우선 아빠와 엄마는 일본 사람들에게 복음을 전하러 온 한국의 선교사라는 점을 강조했다.

"앞으로 애들이 그렇게 물으면, 나는 한국 사람이라 이름이 다른 거야, 라고 당당하게 말하렴. 남과 다른 것은 창피한 게 아니란다."

우리는 아이를 격려하고 함께 기도했다. 이후로 이 문제로 우리 아들에게 시비를 거는 친구들은 없었다.

왜 열매가 없을까?

메긴티 선교사 부부가 미국으로 돌아가면서 교회에서 하던 영어 교실이 없어졌다. 영어 교실은 교회에 거부감 없이 일본 사람들을 모을 수 있는 중요한 전도 수단이었다. 지금처럼 한류 붐도 없던 때라 영어 대신 한국어 교실을 열 수도 없었다. 우리는 다른 방법으로 전도를 해야 했다. 아내인 김숙일 선교사는 '한국요리 교실'을 열고 아이들의 유치원과 학교에서 사귄 어머니들에게 김치, 잡채, 약식 등 한국요리를 가르쳤다.

　노골적인 전도는 할 수 없었다. 극히 개인적인 성향의 일본인들에게 직접 "교회에 한번 나오라", "예수님을 믿으시라"고 말하면 개인의 성역을 침범하는 것이 되기 때문이다. 부부 사이나 성인이 된 자녀들에게도 개인의 경계를 넘어서는 일은 요구하지 않는 것이 일본인들이다. 부부 사이에도 서로를 배려해 각자의 침구를 쓰는 경우가 많다. 그들에겐 남이 싫어하는 것을 하지 않는 것이 배려이고 폐를 끼치지 않는 예절이다.

아기를 낳은 일본인 성도를 방문해 축복기도를 하면서 앞으로 아이가 어떤 사람으로 자라길 원하는지 물으면 꼭 듣게 되는 말이 있다.

"부디 남에게 폐 끼치지 않는 사람이 되면 좋겠습니다."

그러니 종교를 강요하는 듯한 전도를 남에게 폐를 끼치는 일로 받아들였다. 우리는 열심히 그러나 사람들에게 폐가 되지 않게 전도지를 뿌리고 요리교실을 열었다. 혹시 기독교나 성경에 관심을 보이는 사람에게는 아주 조심스럽게 물었다.

"성경을 선물로 드려도 될까요?"

선교는 사람의 힘과 경험으로 하는 것이 아니라 하나님의 역사임을 믿고 있었기에, 우리는 집중해서 기도할 시간이 필요했다. 새벽기도를 시작했다. 일본 교회에는 새벽기도라는 것이 없었다. 우리가 새벽기도회를 시작한다고 하자 일본인 교인들과 동료 선교사들이 다들 깜짝 놀랐다.

솔직히 겨울이 유난히 길고 눈이 많은 톤덴 지역에서 새벽기도는 그 자체가 영적, 육체적 전쟁이다. 차도에서 교회 문까지 거리가 30미터도 안 되지만, 밤새 어마어마하게 쌓인 눈을 치우면서 교회 안까지 들어오는 데 30분이 넘게 걸린다. 한 시간에 1미터도 넘게 눈이 쌓인 적도 많다. 눈을 치우느라 꽁꽁 언 몸을 예배당 안 난로에 대충 녹이고 일본의 영적 부흥을 위해 기도하다 보면 시간 가는 줄도 몰랐다.

막상 새벽기도를 시작하자 가끔 한두 명의 교인들이 참석했다. 특히 50대의 무나카타 형제가 자주 나와 격려가 되었다. 그는 구청 공무원으로 교회의 일꾼 역할을 하는 성도였다. 무나카타 형제를 중심으로 마을 주민들을 전도하기 위해 여러 가지 이벤트도 하고, 이웃사람들을 초대해 음식도 대접하고, 고등학생들을 위한 카페도 열었다. 하지만 일 년이 지나도록 새 신자가 한 사람도 오지 않았다.

봄이면 히나 마츠리라는 여자아이들의 무병장수를 비는 일본의 축제날이 돌아온다. 그날은 설탕에 색색의 물을 들여 밥에 얹어 주는 전통이 있다. 어떤 할머니를 전도하러 갔다가 나는 이 음식을 대접받았다.

"맛있나요?"

할머니가 물었다.

"예, 아주 맛있습니다."

나는 원래 단것을 좋아하지 않는다. 예의상 맛있다고 하자 할머니는 한 그릇을 더 가져왔다. 어떻게 하든 할머니를 기쁘게 해서 전도하려는 마음에 세 그릇이나 먹고 말았다. 그날 밤 복통과 설사로 얼마나 고생을 했는지……. 끝내 그 할머니는 교회에 나오지 않았다. 사람의 비위를 맞춘다고 전도가 되는 것은 아니었다.

'이렇게 열심히 해도 왜 열매가 없을까?'

나와 아내는 조금씩 지치기 시작했다.

처음 일본에 왔을 때, 오랫동안 이곳에서 사역을 해온 선배 선교사들에게 물은 적이 있었다.

"일본 선교에 얼마나 성과가 있나요?"

내 물음에 그분들은 그저 웃기만 하셨다.

일본 교역자들과 함께하는 수련회에 갔을 때, 일본 목사들은 이렇게 하소연했다.

"일본은 무슨 방법을 써도 전도가 안 됩니다."

그때, 나는 자신이 있었기에 마음속으로 이렇게 외쳤었다.

'여러분은 안 될지 모르지만 나는 할 수 있습니다.'

잠시라도 그렇게 생각했던 교만한 마음을 회개했다. 선교는 사람의 힘과 경험, 열심만 가지고 되는 것이 아니었다.

일본 작가 엔도 슈샤쿠가 쓴 『침묵』이란 책이 있다. 17세기 에도시대, 일본 막부에 의한 천주교 박해를 다룬 소설이다. 그 책에는 이런 구절이 나온다.

"신부는 결코 나에게 진 것이 아니오. 이 일본이라는 늪지대에 패한 것이오."

일본 관리인 이노우에 지쿠고노가미가 결국 배교하고 예수님의 얼굴을 밟고 지나간 포르투갈 출신 로드리고 신부에게 한 말이다.

정말 일본은 선교사들의 무덤인 것일까?

교회에서 장례식도 치러 줍니까?

크리스마스가 다가오고 있었다. 우리는 소망을 가지고 다시 기도에 매달렸다.

"주님, 올해는 꼭 크리스마스 선물을 주세요."

한 영혼이라도 구원하는 것, 그것이 우리에게 가장 귀한 크리스마스 선물이었다. 이번에는 크리스마스 전도행사를 다른 때보다 더 정성 들여 준비했다. 멀리 서울에서 성극단과 합창단까지 오기로 되어 있었다.

우리는 톤덴 지역의 중요한 건물들에 허락을 받고 홍보용 팸플릿을 붙이고 집집마다 전도지를 돌렸다. 남에게 폐 끼치는 것을 극도로 싫어하는 일본에서는 거리에서 전도지를 나눠 주는 것 자체가 힘든 일이라 살그머니 각 집 앞 우편함에 넣었다.

12월 23일 토요일, 크리스마스 행사가 열리는 날이었다. 그날따라 아침부터 눈보라가 휘날렸다. 나는 남아 있는 전도지를 모두 챙겼다. 이른 아침, 교인들과 함께 눈속을 헤매며 아직 가 보지 못한 지역까지 가서 전도지를 남김없이 돌렸다. 단 한 영혼이라도 구원받는 모습을 보길 바라는 마음에서였다.

사무실에 돌아오니 오전 10시가 넘어 있었다. 지친 몸으로 저녁 집회를 준비하고 있을 때 전화가 울렸다. 수화기를 들자마자 저 너머에서 다짜고짜 어떤 부인이 이렇게 질문했다.

"모시모시, 쿄카이데 오소우시키모 얏테 구레마스까?"

교회에서 장례식도 치러 주냐는 말이었다. 목소리가 심상치 않았다.

"물론입니다. 교회에 한번 와 주시겠습니까?"

부인은 당장 오겠다고 하더니 정말 얼마 후 교회로 들어왔다. 눈보라를 뚫고 온 초로의 그녀는 어딘지 모르게 다급해 보였다.

"저는 무카이라고 합니다. 오늘 아침 우편함에 꽂힌 교회 전단지를 보고 찾아왔습니다."

조금 전에 우리가 마지막으로 돌린 전도지였다. 나는 부인에게 따듯한 차를 내왔다.

무카이 자매는 이혼하고 혼자 살고 있었다. 어렵게 두 딸을 길러 결혼까지 시키고 나니 이제는 늙고 병도 생기고 불면증까지 심해 많은 양의 수면제를 먹어야 겨우 잠이 든다고 했다. 그나마 최근에는 약이 잘 듣지 않아 사는 것이 고통이라며 여러 번 자살을 시도했다.

그런데 문득 어린 시절 홋카이도 시골에 살 때 크리스마스면 근처

세례식 서약을
하는 무카이 자매
(1994년)

작은 교회에 갔던 일이 생각났다고 한다. 거기서 어떤 서양 선교사에게 들은 말이 생각나서 죽기도 무서웠다.

"예수님을 믿으면 천국에 갈 수 있지만 안 믿으면 갈 수 없어요."

그래서 죽을 땐 죽더라도 이 문제를 해결하고 죽어야겠다고 생각하고 있었는데, 마침 우리가 돌린 전도지를 보고 용기를 내 전화를 한 것이다.

무카이 자매는 오십 평생 살아오면서 받은 상처들을 두 시간 남짓 눈물로 털어놓았다. 오늘 저녁에 있을 집회를 준비해야 한다는 부담도 잊어버리고 이야기를 듣는 내내 나는 마음속으로 기도했다. 하나님께서 이 자매를 부디 불쌍히 여겨 치유해 주시기를…….

"선생님, 이상하네요. 왠지 제 마음이 평안합니다."

나는 그녀가 이제 아픔과 고통의 터널을 지나 예수님의 보혈 앞에 나왔고 회복이 시작되고 있음을 확신했다. 나는 그녀와 함께 기도를 드렸다.

"하나님, 무카이 자매가 이곳에 온 것은 우연이 아닌 줄 압니다. 주께서 친히 자매님을 찾아 인도해 주셨으니 이제 자매님의 삶을 보호해 주시옵소서."

기도가 끝나자 눈물에 젖은 얼굴로 무카이 자매가 조심스럽게 물었다.

"혹시 저 같은 사람도 오늘 저녁 크리스마스 집회에 나와도 될까요?"

할렐루야! 주님은 1993년 겨울, 나와 아내에게 그렇게 기다리던 일본 선교의 첫 열매를 거두게 하셨다. 평생 잊지 못할 크리스마스 선물이었다.

톤덴 신사 제사장의 회심

크리스마스 집회는 동네 마을회관에서 열렸다. 우리 교회는 오래된 작은 집 한 채를 세내어 썼기 때문에 행사를 열기에는 너무 좁아 마을회관을 빌린 것이다.

과연 사람들이 얼마나 와줄 것인가? 행사 당일 아침까지 전도지를 돌릴 정도로 최선을 다했으니 주님께 모든 것을 맡기고 우리는 마을회관으로 향했다.

기적 같은 일이 일어났다. 거의 200명이 넘는 사람들이 마을회관을 가득 채운 것이다. 더 놀랍게도 톤덴 신사의 제사장 아라이 씨가 왔다. 우리 교회 교인인 큰아들과 며느리가 초청했지만 정말로 올 줄 몰랐다. 80세가 넘은 자그마한 체구의 노제사장이 부인과 함께 행사장에 들어서자 동네 사람들이 다 눈이 휘둥그레지며 수군댔다.

"어머나, 제사장이 다 참석했네요."

일본인들에게 신도(神道)는 종교이자 문화이며, 정치, 사회, 일반인의 정서와 일상의 근간을 지배하는 깊은 뿌리다. 자연 숭배와 조상신 숭배가 혼합된 신도는 경전도, 창시자도, 뚜렷한 윤리 규범도 없으나 내가 체감하기로는 그 영향력이 우리나라의 무속신앙보다 열 배는 강하다.

아기가 태어나면 남자아이는 32일, 여자아이는 33일이 지나면 신사에 가서 축복을 받고, 3세, 5세, 7세 생일과 20세의 성년식, 집안의 크고 작은 일이 있을 때, 심지어 새 차를 샀을 때에도 신사에 가져가 제사장의 축복을 받고 부적을 받아온다. 집과 회사에 신단을 모시는 집도 많다. 부모도 죽으면 귀신이 되니 해코지를 당하지 않으려고 살아 계실 때 설령 돌보지 않았더라도 돌아가시면 더 정성을 들인다.

일본에는 마을마다 마츠리라는 축제가 있다. 일본 전역에 365일 마츠리가 없는 날이 없다. 그날은 신이 신사에서 나와 동네를 돌며 마을을 정화한다고 믿는다. 학교까지 쉰다. 일본인의 인생과 사회는 신사를 중심으로 돌아가는 집단체제이며, 정치와 종교가 분리되지 않은 신도의 나라라고 해도 과언이 아니다. 불교, 유교, 천주교, 개신교 등 어느 종교도 신도의 영향력에서 벗어나기 어렵다.

우리는 제사장 노부부를 예우해서 맨 앞자리에 앉혀 드렸다. 신도 자체가 다른 종교를 배척하지 않으므로 신사의 제사장이 교회 크리스마스 행사에 온 것이 그리 대단한 사건은 아니겠지만, 마을 사람들이 우리 교회를 신뢰하게 되는 효과가 있었다.

한국에서 온 '작은 합창단'의 찬양과 성극을 보며 톤덴 지역 주민들은 가슴 뭉클해했다. 행사가 끝나고 많은 사람들이 예수님을 영접하겠다고 고백했다.

그날 아침 전도지를 보고 찾아왔던 무카이 자매는 내게 다가와 말했다.

"내일 주일예배가 있다는 광고를 들었습니다. 제가 참석해도 괜찮겠습니까?"

하나님께서 이 자매를 사랑하지 않으면 누굴 사랑하시겠는가?

톤덴 신사의 노제사장도 돌아가는 길에 내 옆으로 와서 살짝 말을 건넸다.

"당신네 하나님은 정말 살아 계신 것 같아."

구원 행렬

크리스마스 행사 다음날은 주일이었다. 교회가 장례식도 치러 주냐고 물은 무카이 자매가 밝은 표정으로 나타났다. 예배가 시작되기 전 그녀는 내게 다가와 말했다.

"선생님, 어젯밤에 무슨 일이 있었는지 아세요? 선생님 말씀대로 자기 전에 약을 먹고 '예수님, 잠잘 수 있게 해주세요'라고 기도하고 이불 속에 들어갔어요. 그런데 깨어 보니 아침이더라고요. 몇 년 동안 이렇게 푹 자 본 적이 없습니다. 머리 아픈 것도 사라지고 몸도 상쾌합니다. 정말 예수님이 도와주셨어요."

무카이 자매는 그날 이후 매주 빠지지 않고 교회에 나왔다. 겸손하고 갈급한 그녀의 마음은 메마른 대지가 단비를 빨아들이듯 하나님의 말씀을 받아들였다. 우리 교인들은 그녀가 죽음 직전에 극적으로 구원받았다는 간증을 듣고 살아 계신 하나님의 역사에 기뻐했다.

무카이 자매의 순수한 믿음은 고인물 같던 예배 분위기를 밝고 생기 있게 바꿔 놓았다. 무미건조하던 집안에 아기가 태어난 것 같았다. 무카이 자매는 딸을 비롯해 가족과 친구들을 교회에 데려오기 시작했다. 이 모습을 보고 전도를 몹시 부담스러워하던 다른 교인들이 큰 도전과 격려를 받았다. 그들도 가족과 친구들에게 자연스럽게 전도를 하기 시작했다. 교회에 새 신자들이 하나 둘씩 늘어 갔다.

우리 부부는 크리스마스 집회 때 온 몇몇 사람들에게 관심을 기울이며 다가갔다.

우리 이웃에는 나카무라라는 분이 살고 있었다. 그 집의 세 살배기 아들 에이치로는 툭하면 "리 상……" 하며 우리집 문을 두드렸다. 우리 아이들이 형 누나 노릇을 하며 잘 놀아 주어선지 우리집에 오는 것을 좋아했다. 나카무라 부인은 우리집 문간방에서 아내와 성경공부를 하며 예수님을 영접했다.

오노 부인도 크리스마스 집회에 나온 분이다. 아내는 오노 부인과 기존 교인인 타니구치 자매와 함께 성경공부를 시작했다. 타니구치 자매는 출산이 가까워 배가 불렀지만 열심히 기도하며 성경공부에 참여했다. 아키타 자매의 남편도 성경공부를 하다가 세례를 받았다. 아키타 자매의 두 아들도 주일학교에 나오게 되면서 온 식구가 가정예배까지 드리게 되었다고 그녀는 무척이나 기뻐했다.

톤덴 신사의 노제사장 이야기를 더 해야 할 것 같다. 크리스마스

톤덴 그리스도교회 교인들과 함께(1995년)

집회에 한 번만 올 줄 알았던 제사장은 그 후 손주들의 세례식에도 참석하고, 다음 해 크리스마스 집회에도 나왔다. 그러더니 차츰 주일예배에도 빠지지 않고 나오기 시작했다. 예배당 맨 앞자리에 앉아 진지하게 설교를 듣는 노제사장의 마음에 어떤 변화가 일어난 걸까? 그 변화는 하나님만 아시는 것이었다.

제사장의 큰아들 아라이 씨 부부는 내가 톤덴 그리스도교회에 부임하기 몇 개월 전에 세례를 받은 성도들이었다. 남편이 먼저 예수님을 영접하고 아내를 전도했는데, 이것은 일본에서 참 보기 드문 경우다. 아라이 씨는 신사의 전통에 따라 아버지로부터 제사장직을 이어받아야 하는 장남이다. 하지만 그는 고민을 많이 한 끝에 칸누시(신주, 神主)가 되기를 거절하고 예수 그리스도의 제자가 되는 길을 택했다.

그 일로 대를 이어 신사를 지켜 온 노제사장이 받은 충격은 이만저만이 아니었을 것이다. 하지만 장남을 따라 드문드문 교회에 나오던 노제사장도 마침내 예수님을 영접하고 세례를 받았다. 그는 신사를 탈퇴하고 정식으로 톤덴 그리스도교회의 성도가 되었다. 이 일은 일본 기독교계에 큰 간증거리가 되어 기독교 잡지 〈백만 인의 복음〉에 기사가 실리기도 했다.

노제사장은 후에 죽음을 앞두고 그가 소유하고 있던 땅 114평을 내주어 톤덴 그리스도교회를 새로 짓게 해주었다.

얼마나 강렬하고 놀라운 하나님의 역사인가? 일본이 선교사들의 무덤 같다고 낙심하던 나는 깊이 회개했다.

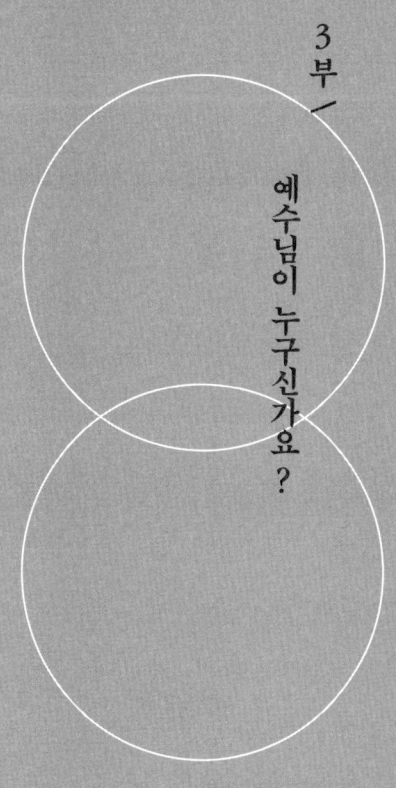

3부 / 예수님이 누구신가요?

　우리 교회에 나오는 리사짱의 아버지 미우라 씨는 일본 최남단인 규슈 가고시마에서 도로공사 일을 했다. 삿포로와 가고시마는 각각 일본의 북쪽 끝과 남쪽 끝이다. 그는 몇 개월에 한 번씩만 집에 돌아왔다. 어린 리사짱은 출장도 잦고 위험한 일을 하는 아빠를 늘 걱정하며 그리워했다.

　어느 날 저녁, 몇 달 만에 집에 돌아온 미우라 씨가 갑자기 우리집을 찾아왔다. 우리는 깜짝 놀랐다. 남에게 폐 끼치는 것을 꺼리는 일본인이, 그것도 중년 남자가 약속도 없이 불쑥 남의 집을 방문하는 일은 거의 없었기 때문이다.

　"갑자기 찾아와 미안합니다. 꼭 알고 싶은 것이 있어서 왔습니다."

　미우라 씨는 그날 있었던 일을 들려 주었다.

　모처럼 집에 온 미우라 씨는 심한 감기에 걸려 누워 있었는데, 다른 방 커튼 속에서 누가 중얼거리는 소리가 들려 다가가보니 어린 리사가 울면서 하나님께 기도를 하고 있었다고 한다.

　"위험한 일을 하는 아빠가 안 다치게 지켜 주시고……지금 아파서 누워 계신데 빨리 낫게 해주세요. 그리고 아빠도 예수님을 믿어 어디를 가든 외롭지 않고 행복하게 해주세요……"

　미우라 씨는 잠시 말을 멈추고 감정을 추스르는 듯했다. 어린 딸의 순수하고 간절한 기도가 거친 일을 하는 그의 마음을 순식간에 연 것이다.

　"도대체 예수님이 누구신가요? 누구시길래 우리 딸이 이렇게 아빠를 위해 눈물로 기도하는지 알고 싶습니다."

빛의 아이들

톤덴 그리스도교회 근처에는 초등학교가 있었고, 비교적 젊은 부부들이 많이 살았다. 우리 부부는 이에 착안해 매달 특별한 어린이 전도행사를 준비했다. 불고기 파티, 게임 대회, 캠핑 등을 열면 아이들이 많이 모였다. 특히 아이들이 열광하는 것이 있었다.

"와아! 톤덴맨이다."

키 큰 교회 청년이 선글라스에 망토 달린 멋진 옷을 입고 '톤덴맨'으로 가장해 갑자기 나타나 게임을 인도하거나 선물을 나눠 주면 아이들은 발을 구르며 좋아했다. 톤덴맨은 우리 교회에서 만든 캐릭터다. 우리는 행사를 홍보하려고 니시초등학교와 톤덴초등학교 앞, 공원 등지에서 전도지를 나눠 주기도 하고, 우리 아들과 딸의 유치원과 초등학교 친구들을 초대했다.

동네에서 마츠리가 열리는 날에도 공원에 나가 전도를 했다.

거대한 신사의 축제 무리에 비해 우리 전도대는 초라해 보였다. 그러나 영적 싸움에서 칼과 창, 마병의 숫자는 하나님의 눈으로 볼 때 아무 의미가 없었다. 그날도 네 명의 어린이가 예수님을 영접했다. 다행히 일본의 부모들은 자신은 예수님을 안 믿어도 자녀들이 교회에 가는 것에는 비교적 관대했다.

어느새 작은 예배당은 어린이들로 꽉 차 들썩들썩했다. 70여 명의 아이들이 생전 처음으로 예수 그리스도를 알게 되었고, 25명 정도가 꾸준히 모이게 되었다. 우리는 이 사역을 '빛의 아이들'(히카리노 코)이라고 이름 붙였다.

800만 귀신을 섬긴다는 일본의 영적 풍토에서 주일학교와 어린이 전도는 정말 중요했다. 가능하면 많은 어린이들이 한 번이라도 교회에 나와 복음을 듣도록 하는 것이 우리의 목표였다. 어릴 때 한두 번 주일학교에 다닌 경험으로 인해 어른이 되어 자연스럽게 주님께 돌아오게 되었다는 고백을 많은 일본 성도들에게 들었다. 무카이 자매가 어린 시절, 교회에서 들은 선교사의 말을 떠올리고 자살충동을 이기고 주님 앞으로 나온 것처럼…….

'빛의 아이들' 가운데 리사라는 여자아이가 있었다. 초등학교 1학년으로 우리 딸의 친구였다. 리사짱은 어린이 예배 때마다 맨 앞자리에 앉아 열심히 설교를 들었다. 리사짱의 아버지 미우라 씨는 일본 최남단인 규슈 가고시마에서 도로공사 일을 했다. 삿포로와 가고시

'빛의 아이들' 사역으로 70여 명의 어린이들이 생전 처음 예수님을 알게 되었다(1993년).

마는 각각 일본의 북쪽 끝과 남쪽 끝이다. 그는 몇 개월에 한 번씩만 집에 돌아왔다. 어린 리사짱은 출장도 잦고 위험한 일을 하는 아빠를 늘 걱정하며 그리워했다.

어느 날 저녁, 몇 달 만에 집에 돌아온 미우라 씨가 갑자기 우리집을 찾아왔다. 우리는 깜짝 놀랐다. 남에게 폐 끼치는 것을 꺼리는 일본인이, 그것도 중년 남자가 약속도 없이 불쑥 남의 집을 방문하는 일은 거의 없었기 때문이다.

"갑자기 찾아와 미안합니다. 꼭 알고 싶은 것이 있어서 왔습니다."

미우라 씨는 그날 있었던 일을 들려 주었다.

모처럼 집에 온 미우라 씨는 심한 감기에 걸려 누워 있었는데, 다른 방 커튼 속에서 누가 중얼거리는 소리가 들려 다가가 보니 어린

빛의 아이들 71

리사가 울면서 하나님께 기도를 하고 있었다고 한다.

"리사가 그러더라고요. 위험한 일을 하는 아빠가 안 다치게 지켜주시고……지금 아파서 누워 계신데 빨리 낫게 해주세요. 그리고 아빠도 예수님을 믿어 어디를 가든 외롭지 않고 행복하게 해주세요……"

미우라 씨는 잠시 말을 멈추고 감정을 추스르는 듯했다. 먹고사는 일에 치여 종교나 신앙 따위는 사치라 여기며 살아왔을 것이다. 그렇게 오랫동안 닫혀 있던 그의 마음을 어린 딸의 순수하고 간절한 기도가 흔든 것이다.

"도대체 예수님이 누구신가요? 누구시길래 우리 딸이 이렇게 아빠를 위해 눈물로 기도하는지 알고 싶습니다."

나는 미우라 씨에게 천천히 아주 쉽게 복음을 전했다. 그날 미우라 씨는 예수님을 구주로 영접했다.

"비록 몸은 가족과 멀리 떨어져 있어도 마음은 예수님 안에서 함께 있으니 더이상 외롭지 않겠습니다."

미우라 씨는 기뻐하며 집으로 돌아갔다. 그는 얼마 후, 세례를 받고 교인이 되었다.

가슴 아프게도 미우라 씨는 지병으로 일찍 천국으로 가셨다. 그의 장례식은 우리 교회에서 교우들의 따뜻한 사랑과 눈물 속에 치러졌다. 미우라 씨는 다시 가족에게 돌아올 수 없지만 예수님 안에서 영원히 함께한다. 미우라 씨의 아내이자 리사짱의 엄마는 톤덴 교회의 신실한 교인이 되었다.

지금도 미우라 씨를 생각하면 밤에 몰래 예수님을 찾아왔던 니고데모가 떠오른다. 어린아이의 눈물의 기도를 들어주신 우리 주님이 '빛의 아이들' 사역을 기쁘게 받으셨을 것이다.

유이, 시호, 미에, 에리꼬, 마이꼬, 시즈카, 에루미, 케이꼬…… 어느덧 중년이 되었을 '빛의 아이들'이 일본 교회를 지키는 든든한 대들보가 되어 있기를 기도한다.

문간방 고교생 카페

우리 가족이 살던 집과 가까운 곳에 호쿠료우라는 고등학교가 있었다. 등하교 시간이면 많은 학생들이 우리집 앞을 지나갔다. 일부러 이곳에 집을 얻은 것은 아니었지만 생각해 보니 고등학교 학생들을 전도하기 딱 좋은 장소였다.

우리집은 현관문을 열고 들어오면 방이 하나 있고, 다시 미닫이 문을 열면 그 안에 안채가 있는 구조였다. 우리는 그 문간방을 고등학생들에게 개방해 카페로 만들기로 했다.

마침 우리 교회에 호쿠료우고등학교 1학년에 다니는 미츠호라는 여학생이 있었다. 미츠호짱은 다른 고등학교에 다니는 단짝 리사짱과 함께 문간방 카페로 친구들을 데려왔다.

매주 금요일 저녁이면 문간방 카페에 고등학생들이 모였다. 늘 배고픈 아이들에게 아내는 맛있는 음식을 해서 먹였다. 아이들은 함께 먹고, 게임하고, 이야기하고 놀다가 마지막에는 간단하게 성경 말씀을 나누었다.

이름을 기억할 수 없을 정도로 많은 학생들이 우리집 문간방을 거쳐 갔다. 몇몇은 하나님의 임재를 경험했고, 몇몇은 신앙을 고백할 만큼 변화되었지만 졸업한 뒤에는 다들 소식이 끊어졌다. 그래도 우리는 톤덴에서 사역하는 동안 꾸준히 고교생 카페를 열었다.

후에 우리 부부는 톤덴을 떠나 삿포로 국제그리스도교회로 사역지를 옮겼고 그렇게 10여 년이 더 지났다. 어느 주일, 나는 톤덴 그리스도교회에서 설교를 하게 되었다. 같은 삿포로 지역이라 종종 톤덴 교회에 설교 초청을 받았다.

"이 선교사님……"

교회에 들어서자 어떤 아기 엄마가 반갑게 뛰어와 내게 인사를 했다. 낯이 익었다.

"선교사님 저예요, 아야. 그때 고등학생 카페에 자주 갔었잖아요. 맛있는 것도 많이 해주시고 성경 말씀도 들려주시고……"

"오, 아야짱."

나도 생각났다. 아야는 카페에 왔다가 교회에도 몇 번 나왔지만 졸업 후에는 무슨 일인지 더이상 교회에 나오지 않았다.

아야는 졸업 후 취직을 하고 나서 우울증에 걸려 힘든 시간을 보냈다고 한다. 그런 딸에게 친정어머니가 교회에 다시 다녀 보라고 권했다. 친정어머니는 예수님을 믿지 않는 분이었다.

"사회생활하면서 힘들 때면 이 선교사님이 해주신 말씀이 생각났어요. 수고하고 무거운 짐 진 자들아 다 내게로 오라, 내가 너희를 쉬게 하리라. 그때가 그립고 선교사님이 너무 보고 싶지 뭐예요."

그러나 아야가 다시 교회에 나왔을 때, 우리 가족은 삿포로 국제그리스도교회로 떠난 후였다. 고맙게도 톤덴 교회 교인들이 친절하게 대해 주어 아야는 다시 신앙생활을 잘하고 결혼까지 해서 두 살

고교생 카페(1992년)
문간방에 모인 아이들은 함께 먹고, 게임하고, 이야기하고, 말씀을 나누었다.

21년 만에 다시 만난
고교생 카페의 여학생 아야
(2014년)

난 아기도 있었다. 아야는 교회에 같이 다니는 남편을 내게 인사시켜 주었다.

18년 전에 뿌린 전도의 씨앗이었다. 눈물로 기도했으나 싹트는 것을 보지 못했는데, 이렇게 훌륭하게 자라 열매 맺은 것을 보고 나는 감사했다. 그 다음 톤덴 교회에 설교하러 갔을 때엔, 아야의 친정어머니와 아버지까지 다 교회에 나오고 있었다.

하라다 씨, 제 손을 꼭 쥐어 주세요

교인인 타마이 자매는 전도에 열심이었다. 평생 학교에서 영양사로 일하다가 은퇴를 하고 나서 한동안은 허전해했다. 마침 시아버지가 병환으로 입원하자 타마이 자매는 간병에 많은 시간을 쏟고 있었다.

어느 날 타마이 자매에게 연락이 왔다.

"선생님, 시아버지가 위독하신데 꼭 전도하고 싶습니다. 병원으로 와 주시겠습니까?"

시아버지는 평생 불교 신자였지만 돌아가시기 전에 꼭 예수님을 전하고 싶다는 것이었다. 나는 병원으로 찾아갔다. 짧은 시간이었지만 간절함을 담아 복음을 전하자 그분은 내 손을 꼭 잡고 예수님을 영접했다.

이 소문이 교회 안에 퍼졌다. 같은 교인인 마사미 형제도 자기 아버지도 병환이 위중하니 꼭 와서 말씀을 전해 달라고 부탁을 해왔다. 다만 불교 신자인 어머니가 아들 부부가 교회에 나가는 것조차 싫어하는 터라 어머니가 안 계실 때 와 주기를 바랐다. 부모와 같이 사는 장남이 부모의 뜻을 어기고 신앙생활을 하니 그 어려움이 얼마나 컸겠는가.

마사미 형제의 아버지가 위독해져 병원에 입원하면서 우리는 복음을 전할 기회가 오기를 기도했다. 하지만 어머니가 늘 아버지의 병상을 지키고 있어 틈이 나지 않았다.

"선생님, 어머님이 한 시간 정도 저희와 교대할 것 같습니다. 빨리 와 주세요."

마사미 형제의 전화를 받고 나는 서둘러 병원으로 갔다. 007 첩보 작전 못지않은 순간이었다. 처음 마사미 형제의 아버지 하라다 씨를 만났을 때, 그는 정신은 비교적 또렷한 상태였다. 내가 한국에서 온 선교사라는 소리를 듣자 하라다 씨는 입을 열었다.

"내가 젊었을 때 조선에 군인으로 갔었소."

일제 강점기 시절의 얘기였다. 그의 표정은 무덤덤했다. 미안한 기색이라고는 전혀 없었다. 일제에게 당한 우리 민족의 수많은 고통이 떠올라 솔직히 기분이 좋지 않았다.

일본에서 살면서 연로하신 분들을 만나면 조마조마했다. 자신들이 식민지였던 조선에 와서 나쁜 짓을 많이 했다고 털어놓는 사람들이 있었기 때문이다. 몇몇은 내가 한국인인 것을 알고 미안해했지만,

어떤 사람은 도리어 깔보며 노골적으로 무시했다. 이런 불편한 상황에 부딪칠 것이 뻔해 일본을 선교지로 생각하는 것조차 싫었는지 모른다. 하지만 하나님은 우리를 일본 선교사로 부르셨다. 일제가 저지른 잘못에 분노하지만, 나는 일본인들을 품고 사랑하며 구원으로 인도해야 했다.

그러나 아무리 생각을 고쳐먹어도 하라다 씨를 만나러 가는 일이 그리 유쾌하지는 않았다. 다시는 보고 싶지 않은 마음과 하나님께 순종해야 한다는 마음이 싸우면서도 나는 기회가 나는 대로 하라다 씨에게 가서 복음을 전했다. 주님이 그의 영혼을 불쌍히 여기셨는지, 우리의 기도를 들어주셨는지 도저히 열릴 것 같지 않던 하라다 씨의 마음이 열리기 시작했다.

임종이 다가온 어느 날이었다. 그날도 어머니가 안 계신 기회를 잡아 하라다 씨를 방문했다. 그는 말도 못하고 눈을 꼭 감고 있었다. 이제 그에게 복음을 전하는 것도 마지막임을 느꼈다. 나는 예수님이 구원자이심을 선포하고 그의 귀에 가까이 대고 말했다.

"하라다 씨, 예수 그리스도를 영접하기 원하시면 제 손을 꼭 쥐어주세요."

그는 의식이 남아 있는 것 같지 않았다.

"주여, 제발 하라다 씨가 예수님을 믿고 천국 가게 해주세요. 시간이 없습니다."

나는 간절히 기도하며 그의 손을 놓지 않았다. 아주 천천히 하라다 씨의 손에 힘이 들어갔다. 그는 마지막 남은 힘을 짜내듯 내 손을 꼭 쥐었다. 예수님을 믿는다는 신앙고백이었다. 나는 그를 위해 온 마음과 정성을 다해 기도를 드렸다.

더 놀라운 일이 벌어졌다. 마침 그날 도쿄에 사는 하라다 씨의 둘째아들이 문병하러 와 있다가 그 모습을 보고 성령의 감동을 받은 것이다. 그는 아버지와 함께 예수님을 영접했다. 선교사가 누리는 가장 큰 축복은 인간의 예상을 뛰어넘어 역사하시는 하나님의 위대한 일을 목도하는 것이다. 바로 그 일이 일어났다.

일본 제국주의 군인이었던 하라다 씨는, 자신이 괴롭히던 나라에서 온 한국인 선교사의 손을 잡고 예수 그리스도의 품에 안겼다. 그후 마사미 형제의 외동아들 유우이치 군이 예수님을 믿게 되었고, 그렇게도 아들 부부의 신앙생활을 방해하던 어머니도 교회에 나오게 되었다.

어둠의 사슬을 끊고

주일예배가 끝나고 좁은 예배당 안을 가득 메운 교우들이 서로 반갑게 인사를 하느라 소란스러웠다. 마침 교회 전화기가 울렸지만 다들 교제하기에 바빠 전화를 받지 않았다. 예배당 뒤쪽에 있던 아내 김숙일 선교사가 달려가 전화를 받았다. 수화기 너머로 중년 여성의 또랑또랑한 목소리가 들려왔다.

"사랑의 샘을 읽고 전화 드렸습니다."

〈사랑의 샘〉은 우리 교회 신문이었다. 특별히 이번 호에는 한창 극성을 부리는 기독교 이단에 대한 특집 기사가 실렸다. 혹시 여호와의 증인이나 통일교 교인이 항의하는 전화일 수도 있어 아내는 바짝 긴장했다.

"저……예수님이 우리를 자유케 한다고 쓰여 있던데 저도 자유롭고 싶습니다. 거기 실린 글을 읽어 보니 꼭 제게 하는 말 같아요. 기독교에 대해 더 알고 싶습니다만……."

기도하며 남의 집 앞에 살며시 끼워 놓곤 하는 〈사랑의 샘〉이었다. 그걸 누가 읽나 싶었는데, 하나님께서 구원하기로 예비하신 영혼들은 기회를 놓치는 일이 없었다.

"그렇습니다. 예수님이 당신을 자유케 하실 수 있습니다. 괜찮으시면 성함과 전화번호, 주소를 알려 주세요. 개인적으로 만나 조용히 이야기를 나눌 수 있습니다."

부인은 기꺼이 자신의 주소와 전화번호를 불러 주었다.

아내는 집에 돌아와 그 이야기를 내게 전했다. 아내와 함께 기도하다가 이 부인이 긴급한 상황일 수도 있다는 느낌이 들었다.

나는 주일 사역으로 지친 아내에게 말했다.

"피곤하겠지만 지금 연락해서 찾아가 보는 게 어떻겠어요? 전도의 급박한 부름일 수도 있지 않겠어요?"

아내가 전화를 하자 부인은 조금 망설였다.

"집안이 너무 지저분한데 괜찮겠습니까?"

"저희집도 항상 엉망이랍니다."

아내의 말에 그녀는 밝게 웃으며 와도 좋다고 했다.

43세의 독신 여성이라니 아무래도 아내 혼자 가는 편이 나을 것 같았다. 다시 한번 간절히 기도한 후, 아내는 성경과 사영리 소책자를 들고 그녀의 집으로 향했다.

현관은 잔뜩 짐을 쌓아 놓아 한 사람이 겨우 들어갈 틈밖에 없었다. 안으로 들어가니 정신없이 어질러진 거실은 대낮인데도 커튼을 치고 불도 켜지 않아 컴컴했다. 영적으로 가득한 어둠 때문인지 아내는 그 안에서 두려움까지 느꼈다. 집주인이 불쑥 칼이라도 들고 나올 것만 같았다.

'남편과 같이 왔어야 했나?'

아마도 일본에 와서 그런 집은 처음이었을 것이다. 아내는 작은 소파에 앉아 주님께 평안과 담대함을 달라고 기도했다.

그녀의 이름은 케이코였다. 케이코 씨는 열여덟 살에 어머니가 돌아가시고, 스물여덟 살부터 거의 15년 간 정신병원에 입원했었다. 아버지와 형제들 모두 그녀와 인연을 끊었고, 그녀는 너무 외로워서 UFO를 믿는 단체에도 들어간 적이 있었다.

"〈사랑의 샘〉을 읽다가 예수님을 믿는 것만이 내게 희망이라는 생각이 들었습니다."

바싹 마르고 핏기 없는 얼굴에 눈이 부리부리한 케이코 씨는 두 시간이나 자신의 얘기를 했다. 아내는 점차 두려움이 사라지고 그녀가 겪은 마음의 상처와 아픔들을 함께 느꼈다. 긴 세월 동안 사탄의 노리개가 되어 온 영혼이 너무 가여웠다. 아내는 성경을 펴서 마태복음 11장 28-30절 말씀을 읽어 주고 그녀에게 따라 읽기를 권했다.

"수고하고 무거운 짐 진 자들아 다 내게로 오라. 내가 너희를 쉬게 하리라. 나는 마음이 온유하고 겸손하니 나의 멍에를 메고 내게 배우라. 그러면 너희 마음이 쉼을 얻으리니 이는 내 멍에는 쉽고 내 짐은 가벼움이라 하시니라."

케이코 씨는 이런 말씀이 성경에 있느냐며 놀라워했다. 아내는 사영리 소책자를 펴서 복음을 전하고 같이 기도하자고 했다.

"기도를……어떻게 하나요?"

"형식이 따로 없습니다. 마음으로 하나님께 기도하면 됩니다."

기도를 시작하려고 하자 더욱 강한 어둠의 세력이 밀려오는 것을 느꼈다. 케이코 씨를 놓치지 않으려고 아내는 있는 힘을 다했다. 어눌하지만 진심을 다한 케이코 씨의 기도가 끝나고 아내가 기도를 마무리했다.

"왕이신 하나님, 이 자매를 사랑하여 구원하시려는 놀라운 사랑을 그 누구도 막을 수 없습니다. 가족과 친구에게 버림받았지만 주님은 아무 조건 없이 케이코 자매를 받아 주셔서 감사합니다."

전쟁 같은 기도가 끝났다. 케이코 씨는 눈물과 콧물 범벅이 된 채 울고 있었다. 악의 사슬에서 놓여나 자유를 맛보기 시작한 그녀의 얼굴이 밝게 빛나고 평안했다. 주님 안에서 이 문제 많은 자매조차 얼마나 귀하고 사랑스러운지 모른다. 케이코 씨는 이틀 후에 아내와 성경공부를 시작하기로 약속했다.

아내는 후원자들에게 보내는 기도 편지에 이렇게 썼다.

"주여, 이런 사람이 톤덴에 있는 한 우리는 잠시도 쉴 수 없나이다."

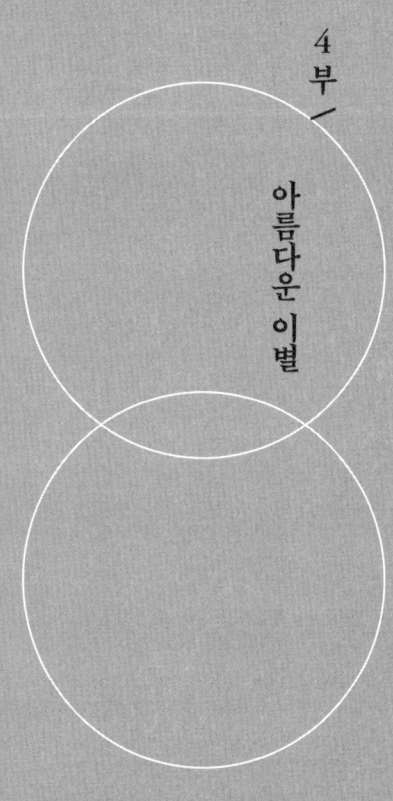

4부 / 아름다운 이별

"어이쿠, 실례!" "어맛, 죄송합니다."

여기저기서 서로 부딪치고 사과하는 소리가 들려왔다.

작은 톤덴 교회에 성도들이 늘어나자 예배당은 물론 주방과 화장실 할 것 없이 어른들과 아이들로 붐볐다. 신발을 벗어 놓을 자리도 더 이상 없고, 한 개뿐인 화장실도 대응불가였다.

특히 주일 아침이면 초등학생 모임인 '빛의 아이들'에게 밀려 유치부 아이들이 조그만 주방에 옹기종기 앉아 있기도 했다. 점심식사 시간에도 앉을 곳이 없어 서서 먹는데도 성도들은 불평 하나 없었다. 무엇이 그렇게 좋은지 웃고 떠들고 즐거워했다. 새로 온 성도들을 더 신경 써서 보살피고 싶었지만 장소가 없어 그냥 집으로 돌아가게 하는 것이 마음 아팠다. 그러나 다음 주면 또 새로운 성도들이 왔다.

우리가 처음 톤덴 교회에 왔을 때 어른 열두어 명과 아이들 몇 명 정도가 모여 조용히 예배를 드리다가 2-3년 사이에 새 성도들로 꽉 차고 넘치게 된 것이다. 교인들 사이에서 서서히 이런 말이 나오기 시작했다.

"우리도 더 넓은 장소가 필요해요."

하지만 우리 교회는 가진 재산이 없었다. 감히 예배당을 새로 지을 엄두도 못 내고 그저 좀 더 넓은 장소로 옮겨 가길 꿈꾸며 기도를 시작했다.

그러나 하나님의 계획을 누가 알겠는가?

행복한 천국의 교제

선교사들에게 주님의 일을 제외하고 가장 마음 쓰이는 일이 있다면 자녀 문제다. 우리는 하나님의 부르심에 응해 스스로 결단하여 선교사가 되었지만, 아이들은 자기 의지와 상관없이 부모를 따라 선교지에 오게 된 것이다. 언어와 문화가 다른 곳에서 적응하려면 어른인 우리도 어려운데 아이들은 얼마나 힘이 들겠는가? 잘못하면 어디에도 뿌리박지 못한 채 살 수도 있게 된다.

선교사의 아이들은 현지인 학교를 다니거나, 아니면 어린 나이에 부모와 떨어져 선교사 자녀들을 위한 기숙학교에서 영어로 교육을 받는다. 아이들이 한국인으로서 정체성을 잃어버리지 않도록 집에서 한국어와 한국 문화를 가르치지만 쉬운 일이 아니다. 그 가운데서 아이들이 겪어야 하는 고통과 갈등은 상당하다.

선교사 자녀들은 작은 선교사가 아니다. 험한 세상에 직접 부딪쳐

늑대도 만나고 여우도 만나면서 좌절하고, 실수도 하고, 잘못도 저지르고, 그러면서 천천히 극복하고 자라 가는 보통의 아이들이다. 그럼에도 불구하고 선교사 부모를 두었다는 이유로 제 수준보다 높은 신앙의 기대 속에 커 가야 하는 선교사 자녀들이 받는 압박은 이만저만이 아니다.

우리가 처음 삿포로 언어학교와 톤덴 그리스도교회에서 사역하는 5년 동안 가장 행복한 시간이 있었다. 삿포로에 있는 동료 한국 선교사들과 교제할 때였다.

국제선교단체인 OMF에서는 선교사들의 예배나 모임이 다 영어로 진행되었고, 사역하는 교회에서는 늘 일본어를 써야 했다. 100퍼센트 이해가 불가능한 외국어로 감정을 표현하고 대화하는 것이 나름 스트레스였다. OMF에 속한 한국 선교사들은 가족과 함께 종종 만나 모임을 가졌다. 귀를 쫑긋하지 않아도 술술 들리는 한국어로 근황도 묻고 실컷 얘기도 나누고 농담도 하는 그 시간이 얼마나 좋았는지 모른다.

우리 부부와 한국선교훈련원에서 함께 훈련을 받았던 정지문, 김은옥 선교사 부부, 김승호, 김순희 선교사 부부가 모였다. 마침 각 가정의 아이들 성진, 윤진, 한나, 충성, 은진, 요한, 여섯 명은 같은 또래라 자연스럽게 어울려 놀았다. 가끔 티격태격하기도 했지만 만나면 반가워하고 헤어지기 싫어했다. 특히 제일 나이가 많은 은진이가 큰 언니, 누나 노릇을 톡톡히 해주었다. 생일을 맞으면 엄마들이 솜씨를 발휘해 케이크를 구워 축하해 주었다.

  이 시기에 잊을 수 없이 고마운 분이 있다. 서울 탄포리교회에서 톤덴 교회 단기 선교사로 온 정성심 자매다. 정성심 자매는 교회 일을 도우면서 일주일에 한 번 선교사 가정의 아이들을 모아 한글을 가르쳤다. 아이들에게 꼭 필요하고 유익한 시간이었다.

  우리 가정도 되도록 집에서는 우리말을 쓰려고 애썼지만 선교 사역에 바빠 한글공부에 시간을 내기가 어려웠다. 정성심 자매에게 우리말을 잘 배운 것이 동기부여가 되어 여섯 명의 아이들은 지금도 우리말을 아주 잘한다. 1년 간 선교사 자녀들에게 사랑하는 마음으로 한글을 가르쳐 준 정성심 자매의 헌신에 지금도 감사하고 있다.

  정지문 선교사 가정은 몇 년 후 요코하마로 떠나고, 김승호 선교사 가정도 홋카이도 최남단 하코다테로 떠났다. 함께한 시간 동안 비슷한 연배의 선교사 부부들과 아이들이 한 지역에서 만나 사랑의 교제를 나눈 것이 얼마나 큰 축복이며 기쁨이었는지 모른다. 참으로 하나님께서 외로운 선교사 가정들에게 베푸신 위로와 격려였다. 지금도 우리 아이들은 그때의 기억을 행복하게 떠올린다.

어딘가 남겨진 외로운 영혼

사람이 모이는 곳에는 어디서나 좋은 일이 있고 나쁜 일이 있다. 교회도 예외는 아니다. 톤덴 교회에서 기쁜 일도 많았다. 하지만 지금 생각해도 가슴이 미어지는 일도 있었다. 그중 가장 속상하고 답답했던 일이 억울한 누명을 쓴 것이었다.

성도들이 하나 둘씩 늘어나면서 톤덴 교회가 눈에 띄게 부흥하는 시점이었다. 교인 가운데 한 부인이 우리 부부를 말도 안 되는 돈 문제로 헐뜯기 시작했다. 본명을 밝힐 수 없어 편의상 사다코 부인이라고 해야겠다. 사다코 부인은 이전에 우리 교회에서 사역하던 미국 선교사가 헌금을 보냈는데, 우리가 그것을 교회에 보고하지 않고 떼어먹었다고 소문을 냈다.

나이도 많고 신경쇠약 증세가 있는 사다코 부인은 퇴직하고 자녀들도 다 독립해 집에서 혼자 지냈다. 시간이 많아서 그런지 거의 매일

교인들 집에 전화를 걸어 우리를 모함했다. 목사이며 선교사인 우리가 사다코 부인과 대놓고 싸울 순 없었다. 결백이 증명될 때까지 기다려야 했다. 그 시간이 나와 아내에겐 말할 수 없이 힘들었다.

일본인의 특징 중 하나가 계획성과 치밀함이다. 교회의 모든 일은 미리 계획을 세우고, 실행한 다음에는 반드시 반성회를 갖고 평가를 한다. 재정 지출은 1엔 한푼도 허투루 쓰지 않고 회계 보고를 하고 이 모든 것을 기록한다. 목사님들 중에는 점심 도시락을 싸서 제 시간에 교회에 나와 하루 8시간의 근무 시간을 정확하게 지키는 분들도 많다. 사무실에서 개인 용무로 전화를 쓰면 비용은 자기가 낸다.

우리는 한국의 후원교회들이 OMF 선교회를 통해 보내는 선교비를 받기 때문에 톤덴 교회에 돈 문제로 오해를 받거나 얽힐 일은 없었다. 나 역시 이 문제에 관해선 지나치리 만큼 철저하려고 노력한다.

바울도 고린도후서 12장에서, 고린도교회가 자신을 향해 연보를 떼어먹은 자라고 모함한 것에 대해 가슴 아파한 적이 있다. 우리도 비슷한 경우를 당한 것이다. 헌금을 보냈다는 말은 들었지만 들어온 곳이 없었다.

교회의 어느 누구도 사다코 부인의 말을 듣고 우리를 의심하는 사람은 없었다. 하지만 이런 오해를 받는 것 자체가 마음이 상했다. 선교사로 모든 것을 내려놓고 일본까지 온 우리로선 감당하기 힘들 정도로 고통스러웠지만, 사다코 부인을 미워할 수는 없었다. 사다코 부인은 교회에도 나오지 않고 계속 성도들에게 전화를 걸어 험담했다.

한동안 이 문제로 기도하던 아내는 사다코 부인을 직접 찾아가기로 했다. 우리는 결백하므로 헌금 문제는 시간이 지나면 어떻게 된 일인지 밝혀지겠지만, 이 일로 목사를 무고한 사다코 부인이 나중에 받을 타격이 너무 커서 그대로 방치할 수 없었다. 하나님의 교회를 지키기 위해, 또 사다코 부인을 보호하기 위해, 왜 그녀가 그토록 우리를 미워하고 모함하는지 그 이유를 듣고 결판을 지어야 했다.

아내는 맛있는 음식을 해서 사다코 부인을 찾아갔다. 사다코 부인은 직접 집까지 찾아온 아내를 흔쾌히 맞아 주었고 아내를 앞에 앉혀 놓고 자기 신세를 하소연하며 넋두리를 쏟아 냈다. 아내는 조용히 그 말을 다 들어 주고 돌아왔다. 후에 사다코 부인은 이렇게 고백했.

"숙일 선교사가 우리집에 와서 내 얘기를 들어 주었던 그날 이후로, 나는 더 이상 교인들에게 전화하지 않게 되었습니다."

그녀가 모함을 시작한 것은 어쩌면 우리의 관심과 사랑을 확인받고 싶어서가 아니었나 하는 생각이 들었다. 교회가 아무리 부흥해도 어느 구석에선가 외로워하며 우는 사람이 있다는 걸 우리는 알게 되었다. 그 '한 영혼'을 소중히 여기는 것이 우리 선교 사역의 중심이 되었다.

미국 선교사가 보냈다던 헌금은 OMF의 여러 루트를 거쳐 한참 후에야 톤덴 교회에 도착했다.

더 넓은 예배당이 필요해요

삿포로 북쪽 끝 톤덴 지역에서 조용히 성령의 역사가 일어나고 있었다. 작은 우리 교회에 성도들이 조금씩 늘기 시작한 것이다. 한국처럼 수백 수천 명이 몰려오는 부흥을 상상하면 안 된다. 전 인구의 0.4퍼센트에 불과한 개신교인이 그나마 감소하고 있는 일본이 아닌가. 아오모리 같은 지역에선 30년 가까이 세례자가 한 명도 나오지 않았고, 일본 전역에 목회자 없는 교회가 늘어 가는 상황으로 볼 땐 기적 같은 일이었다.

톤덴 교회에는 아빠, 엄마, 아이들까지 모두 출석하는 가정이 일고여덟 가족이나 되었고 주일학교 어린이들도 늘어나 다다미 16조 반짜리 공간에서 북적이며 예배를 드렸다. 성도들이 늘어나는 것도 감사했지만, 예수님을 영접하고 변화된 한 사람 한 사람의 간증을 들으며 교인들이 함께 기뻐하고 격려받는 것보다 더 좋은 부흥은 없었다.

새 신자들이 많아지니 세례식도 자주 하게 되었다. 우리 예배당은 시설이 부족해 넓은 예배당에 침례 시설을 갖춘 다른 교회를 오후에 빌려 세례식을 가졌다. 급기야 예배 장소조차 비좁아져 마을회관을 빌려 주일예배를 드렸다. 그러나 갑작스레 동네 사람들의 행사나 장례식이 있으면 이전 예배당으로 옮겨 와야 했다.

교인들 사이에서 서서히 이런 말이 나오기 시작했다.

"우리도 더 넓은 장소가 필요해요."

새 건물을 짓는다는 생각은 전혀 못했다. 교인들은 합심하여 교회 이전을 위해 기도하기 시작했다.

우리는 톤덴 지역에서 예배당으로 적합한 건물이 있는지 찾아보았다. 몇몇 장소를 두고 기도를 했지만 하나님이 주신 장소인지 확신할 수 없었다.

어느 날이었다. 아라이 형제로부터 전화가 왔다. 크리스마스 집회를 통해 회심한 톤덴 신사 제사장의 큰아들이었다.

"아버님께서 우리 교회가 넓은 예배당 장소를 찾고 있다는 말을 들으시더니 당신이 은퇴 후에 살려고 사 놓은 땅 114평을 바치고 싶다고 하십니다."

잠깐 나는 잘못 들은 것은 아닐까 의심했다.

아라이 형제는 덧붙였다.

"혹시 나중에 형제나 친척 간에 유산 문제가 생길까 봐 아버지의 말씀을 녹음해 놓았습니다."

우리 하나님은 도대체 무엇을 계획하고 계신 것일까? 믿어지지 않을 만큼 놀라웠다. 나와 몇몇 교인이 아라이 형제의 아버지를 찾아가 다시 한번 땅 헌납 의사를 확인했다. 90세가 가까운 연세에도 제사장의 의사는 명확했다.

새 건물은 꿈도 꾸지 못하고 그저 지금보다 넓은 예배당을 위해 기도했는데, 하나님은 제일 좋은 장소에 예배당을 지으라고 준비해 주신 것이다. 그 땅은 톤덴 지역의 중심지이고 근처에 초등학교가 있어 어린이 전도를 하기에도 좋았다.

할렐루야, 우리는 하나님께 감사 기도를 올렸다.

땅이 확보되었으니 건물을 올릴 돈만 있으면 되었다. 안타깝게도 우리 교회에는 그만한 돈이 없었다. 일본 성도들은 헌금을 많이 하는 편이 아니다. 성도가 많이 늘었는데도 저축액은 그다지 많지 않았다. 그러나 건축위원회가 결성되자 우리 교인들은 힘이 닿는 이상으로 헌금을 하기 시작했다.

기적의 예배당

우선 설계도면이 필요했다. 그것도 비용이 많이 들어가고 누구를 업자로 택해야 할지 고민이 되었다. 소문에 톤덴에서 멀지 않은 하나카와에 있는 와카바교회가 정말 예쁘게 신축을 했다는 칭찬이 자자했다. 나는 그 설계사가 누군지 궁금했다.

그즈음이었다. 삿포로 니시복음교회의 목사님과 교인들이 한국을 방문할 때 내 도움을 받고 싶다는 연락이 왔다. 성도들이 한국 교회 성도들의 집에서 홈스테이를 하고 싶다고 해서 나는 모교회인 과천 새서울교회를 추천했다. 새서울교회 교인들은 일본에서 온 성도들을 따듯하게 맞이했고 정성을 다해 섬겼다. 한국을 방문한 니시복음교회 교인들 중에 카기와다 씨가 아내와 아이들 셋과 함께 왔으나 웬일인지 홈스테이 가정을 만나지 못했다. 마침 내가 한국에 있어서 내 숙소인 선교관에서 그의 가족과 함께 지내기로 했다.

카기와다 씨는 그 당시 서울에 새로 지은 대형 예배당을 방문하고 와서 내게 말했다.

"목사님, 그 교회가 다 지은 것 맞나요?"

"예, 그렇습니다. 뭐가 이상한가요?"

"겉은 아주 훌륭한데 타일 틈새가 고르지 않고 구석구석 마무리가 다 안 끝난 것 같습니다."

그는 노련한 전문가의 눈을 가지고 있었다.

"아 그래요? 죄송하지만 선생님의 직업은 무엇인가요?"

"저는 건축 설계사입니다."

나는 반가운 마음에 우리 교회도 건축을 계획하고 있다고 말했다. 그는 흥분하며 대답했다.

"제가 도와드릴 수 있습니다. 얼마 전 완공한 와카바교회도 제가 설계했거든요."

그 아름다운 교회를 지은 설계자를 이렇게 딱 만나게 하시다니. 하나님의 예비하심은 섬세했다. 나는 그를 우리 교회 건축위원회에 소개했다. 건축 일은 순서에 따라 순조롭게 진행되었다.

다만 설계도를 작성하며 한 가지 갈등이 있었다. 나는 이왕 새로 짓는 교회니 조금 무리가 되더라도 2층으로 올려 다목적실, 식당, 유아실 등 공간을 넉넉히 확보하는 게 좋을 것 같았다. 그러나 몇몇 건축위원들은 모아 놓은 헌금으로는 1층밖에 지을 수 없다고 반대했다. 미래를 생각하면 2층으로 올려야 후회가 없을 듯했다. 나는 건축위원들을 한 명 한 명 만나 설득했다. 다행히 모두 내 의견을 존중해 줘서 교회를 2층으로 짓기로 했다. 비용이 1억 엔 이상 더 들어갈 예정이었다.

우리가 믿는 것은 기적처럼 땅을 주신 하나님께서 건축 비용도 주시리라는 것뿐이었다.

예배당에 모두 모여 기도하고 있을 때였다. 건축위원장 무나카타 형제의 아내 에츠코 씨에게서 전화가 왔다.

"목사님, 남편이 출근하다가 눈길에 미끄러져 골절상을 당했어요."

무나카타 형제는 새벽예배에도 열심히 나오는 교회의 리더였다. 우리는 그의 회복을 위해 간절히 기도했다. 교회에 매우 중요한 시기에 건축위원장이 큰일을 당했으니 모두들 심란해했다.

며칠 후, 나는 병원에 입원한 무나카타 형제를 방문했다. 병상에 누운 채 무나카타 형제는 예상치 못한 말을 전했다.

"제가 출근길에 사고가 난 거라 병원비 일체를 구청에서 지급하게 되었습니다. 그런데 제가 개인적으로 생명보험을 든 것이 있어 이번 상해로 600만 엔을 받게 되었어요. 뜻밖의 보험료가 나왔으니 이 돈은 건축 헌금으로 하나님께 드리고 싶습니다. 저야 치료만 잘 받고 나가면 되니까 모처럼 병원에서 편히 쉬겠습니다. 얼마나 좋습니까?"

농담까지 하며 웃는 그는 자녀가 여섯이나 되는 이시카리 구청 직원이었다. 박봉의 공무원인 그가 우리 돈으로 7천만 원을 헌금한다니 정말 고마운 일이었다. 이 소식은 나드 향처럼 온 교회에 퍼져 나가 정성껏 헌금을 하겠다는 교인들이 줄을 잇기 시작했다.

우리 가족도 힘을 모았다. 선교사 두 달 치 생활비를 하나님 앞에 드렸다. 모아 놓은 돈도 없었기에 생활비를 최대한 아껴 써야 했다. 크리스마스가 다가왔지만 아이들 선물 살 돈도 없었다. 아이들은 산타가 선물을 가지고 집 안에 들어올 수 있도록 밤새 창문을 열어 놓고 잤다. 굴뚝이 없으니 그렇게 해야 한다고 했다.

"오늘도 산타가 안 왔네."

매섭게 추운 홋카이도의 겨울 밤, 내내 창문을 열고 산타를 기다리다 아침이면 실망하는 순진한 아이들을 보며 우리 부부는 어찌해

신사의 제사장이었던 이가 헌납한 대지 위에 성도들의 눈물 어린 헌금으로 지은 톤덴 그리스도교회는 세상에서 가장 아름다운 기적의 예배당이다.

야 하나 고민했다. 다음날, 한국에서 상자 하나가 배달되었다. 오랜 군대 친구가 우리 아이들을 위해 보낸 선물이었다. 그 안에는 그 당시 유행하던 비싼 레고 장난감이 들어 있었다. 선교사 형편으로는 생각할 수도 없는 크리스마스 선물이었다.

성도들의 헌금은 은혜 가운데 차곡차곡 모였다. 오래지 않아 부족했던 건축 헌금이 다 채워졌다. 한때 신사의 제사장이었던 이가 헌납한 대지 위에 성도들의 눈물 어린 헌금으로 짓는 교회, 세상에서 가장 아름다운 기적의 예배당이 세워질 준비가 모두 끝났다.

아름다운 이별

교회가 비좁을 정도로 성도가 늘고 교인들이 스스로 예배당을 위해 기도하는 것을 보면서 나는 톤덴 교회가 외국 선교단체의 후원을 받는 데서 벗어나 홀로서기가 가능한 단계에 들어섰음을 깨달았다.

교회의 자립은 15년 동안 OMF의 지원을 받은 선교사가 물러가고 일본 목회자에게 영적 리더십을 넘기는 것과, 교인들이 목회자의 사례비를 지급할 수 있는 경제적 독립을 뜻했다. 톤덴 교회에게는 큰 믿음이 필요한 변화였다. 나는 이 두 가지를 교인들에게 설명하고 마음의 준비와 경제적 준비를 하도록 격려했다.

원래 우리가 4년 동안 톤덴 교회에서 사역하고 안식년을 맞아 한국에 돌아가면, 이전에 섬기던 메긴터 선교사 가정이 돌아오기로 되어 있었다. 그러나 톤덴 교회의 부흥을 감안하면, 더 이상 선교사가 필요하지 않고 자립시켜 일본인 목회자에게 바통을 넘기는 것이

OMF 선교 정책에 더 부합했다. 교인들 대다수도 그 편을 원하고 있었다.

OMF의 당시 필드 디렉터 영국인 존 테일러와 지역대표 멜빌 치토 선교사는 우리의 의견을 받아 주었다. 결과적으로 메긴티 가정은 돌아오지 않고 우리 부부가 좀 더 머물며 톤덴 교회의 자립을 마무리 짓기로 했다. 선교사 사역을 시작한 지 얼마 안 된 우리 부부에게 교회 자립이라는 큰 사역을 전적으로 맡기는 일은 OMF로서도 믿음의 결단이었을 것이다.

예배당 건물 신축 준비와 함께 교회 자립을 위한 일본인 목사를 초빙하기 위해 목사 초빙위원회도 만들었다. 다 같이 기도하며 우리 교회에 어울릴 만한 일본인 목회자를 찾기 시작했다.

어느 날, 교회 사무실에 어떤 젊은 신사가 나를 찾아와 인사를 청했다. 이치하라라는 분이었다. 10년 전에 홋카이도성서학원을 졸업하고 도쿄에 있는 고교생전도회(HBI)에서 학생 전도를 하고 있는 젊은 목사였다. 부인은 우리 교회 근처에 있는 호쿠에이교회 출신이었다. 그 교회는 우리와 늘 협력하고 교제하는 관계였다.

우리 부부는 기도하는 가운데 하나님이 그분을 톤덴 교회로 인도하셨다는 확신을 가졌다. 일본에는 기독교에 헌신하는 목회자가 너무 적어 담임목사를 찾기가 아주 힘든데, 이치하라 씨가 스스로 찾아온 것이 놀라웠다. 교우들도 이치하라 목사를 초빙하는 것에 찬성

이치하라 목사는
1995년 3월에 부임했고,
5월에 정식으로 우리와
함께 이취임식을 가졌다.

했다. 이치하라 목사는 1995년 3월에 부임했고, 5월에 정식으로 우리와 함께 이취임식을 가졌다.

우리 부부는 첫 사역을 마치고 안식년을 맞아 한국으로 귀국하게 되었다. 처음 겨울 추위에 떨며 삿포로에 도착했는데, 4년 반 만에 홋카이도의 가장 아름다운 계절에 떠나게 되었다. 아직 젊고 미숙한 우리 부부를 톤덴 교회에 보내어 하나님 나라의 확장을 위해 은혜 중에 붙들고 사용해 주신 주님께 감사를 드렸다. 우리 부부는 한국으로 돌아오는 비행기 안에서 기도 편지를 썼다.

모든 것을 쏟아 부어 섬겨 온 톤덴 그리스도교회를 뒤로하는 것은 이 세상에 태어나 처음 겪는 가슴 저미는 아픔이었습니다. 하지만 이제 멋있게 성장하여 일본인 목회자를 초청하고 자립한 교회의 모습을 보니 감격이 벅차 오릅니다. 자신의 자취와 이름은 사라지더라도 주님의 교회가 굳게 서서 하나님의 영광을 드러낸다면 선교사에게 그 이상의 기쁨은 없을 것입니다. 귀국하는 비행기 안에서 우리 부부는 눈물로 톤덴 교회를 크고 전능하신 주님의 팔과 말씀에 부탁했습니다. 하나님이 계속해서 이 교회를 성장케 하시며 일본 땅을 밝히는 진리의 등대로 훌륭하게 키워 주실 것을 믿습니다. (1995년 6월)

우리가 한국으로 돌아온 후, 톤덴 교회는 100여 명이 예배할 수 있는 아름답고 세련된 2층 예배당으로 완공되었다. 땅을 헌납한 아라이 형제의 아버지인 노제사장은 신사에서 완전히 나와 교회에서 신앙고백을 하고 세례를 받았다. 그의 회심과 헌신은 톤덴 교회뿐 아니라 일본의 교회 역사에도 빛나는 놀라운 간증이 되었다.

이 부족한 종은 첫 번째 사역지 톤덴 그리스도교회에서 살아 계신 하나님의 역사를 직접 눈으로 보는 아주 특별한 영광을 누렸다.

5부 / 삿포로 국제그리스도교회

"소년들이여, 야망을 가지라!"(Boys, Be Ambitious!)

삿포로 국제그리스도교회 목양실에선 일본의 명문 홋카이도대학의 식물원이 내려다보인다. 이 아름다운 대학에는 윌리엄 S. 클라크의 동상이 있고, 거기엔 그가 남긴 이 유명한 말이 새겨져 있다. 그는 홋카이도대학의 전신인 삿포로 농업학교의 초대 교장으로 초청받아 1876년 일본에 왔다. 엄격한 청교도였던 그는 일본에 들어오면서 영어성경 30권을 가져왔다.

홋카이도는 원래 아이누족이 살던 땅으로 1869년 메이지 정부가 홋카이도로 이름을 바꾸고 일본 영토로 편입했다. 일본 정부는 이곳을 개발하기 위해 농업학교를 세우고, 1876년 윌리엄 클라크를 초빙했다. 그는 수업 전 성경을 낭독하고 기독교 정신을 가르친 뒤 주기도문을 외우고 수업을 시작했다. 8개월이란 짧은 기간 동안 그에게 가르침을 받은 농학교 1기생 15명 전원은 기독교인이 되기로 서약했다. 그들과 후배들은 일본 초기 기독교의 정신적 원류인 3대 밴드, 요코하마 밴드, 구마모토 밴드에 이은 삿포로 밴드가 되었다. 우리가 잘 아는 기독교 사상가 우치무라 간조와 한때 일본의 5천 엔 화폐에 찍혀 있던 니토베 이나조도 삿포로 밴드 출신이다. 우치무라 간조는 그의 『회심기』에 이렇게 썼다.

"세상엔 내가 믿어 온 것처럼 800만 이상의 신이 존재하는 것이 아니라, 오직 하나의 신만이 존재한다. 기독교의 유일신론은 내 미신의 뿌리에 도끼날을 댔다."

두 번째 사역지, 삿포로 국제그리스도교회에서 나는 일본 선교의 주춧돌이 될 예수님의 제자를 키우겠다는 소망을 가졌다.

첫 번째 안식년

은혜의 소용돌이 속에서 많은 기적을 경험하면서도 꽤나 버거웠던 첫 번째 사역이 끝나고 우리는 한국에서 1년 동안 안식년을 보내게 되었다. OMF는 안식년을 본국 사역이라고 부를 정도로 중요하게 생각한다. 우리는 그 기간에 후원 교회들을 방문해 선교 보고를 하고 일본 선교의 중요성을 알리면서 바쁘게 지냈다.

모교회인 과천 새서울교회에서 선교관을 우리 가족의 숙소로 허락해 주었다. 예배당에 붙어 있는 작은 숙소에서는 늘 찬송 소리와 기도 소리가 들려왔다. 다음 사역을 위한 영적 육체적 재충전의 시간이었다. 아이들은 교회 근처 관문초등학교에 들어갔다. 일본에서 초등학교 2학년까지 다닌 성진이는 3학년으로, 유치원을 나온 윤진이는 1학년에 들어갔다.

일본에 있을 때, 집에서는 늘 한국어를 써서 아이들이 우리말을 잘하는 편이었다. 그런데도 학교에서 친구들과 어울리기가 쉽지 않았다. 어린 윤진이는 아이들이 "일본놈"이라고 놀리며 쫓아와 몇 번이나 놀라서 집으로 도망왔다. 성진이는 한동안 아무 말도 안 했지만 몇 개월쯤 지나 힘들었던 얘기를 털어놓았다.

"애들이 일본에서 왔다고 하도 놀려대서 어느 날은 기도를 했어요. 다니엘이 사자굴에 던져졌을 때 사자들의 입을 막아 주신 것처럼 그 애들의 입을 막아 달라고요."

아직 어린 아들의 고백에 우리 부부는 마음이 아팠다. 선교사 부모를 따라다니며 지금까지 겪은 어려움과 앞으로도 만날 숱한 고통을 생각하니 기도하지 않을 수 없었다. 우리가 믿고 의지할 것은 주님의 말씀뿐이었다.

본국 사역 기간 중, 시골에 홀로 계신 어머님이 마늘을 저장하는 굴에 떨어져 뼈가 부러지는 큰 사고를 당하셨다. 우리 부부는 형님, 누나와 함께 힘을 모아 어머님을 간병했다. 마침 우리가 안식년이라 그동안 못 다한 효도를 조금이라도 할 수 있었다.

20대 꽃 같은 시절에 홀로 되신 어머니는 한평생을 세 명의 자식들을 위해 사셨다. 독실한 불교 신자라 나도 어렸을 때 어머니를 따라 절에 간 기억이 있다. 어머니는 아버지 없이 자라 버릇없다는 말을 들을까 봐 우리 형제들을 정말 엄격하게 기르셨다. 그때마다 나를 안아 주고 보듬어 주신 분은 할머니였다.

나는 아버지를 모르기 때문에 예수님을 믿고 나서도 '하나님 아버지'의 사랑이 잘 이해되지 않았다. 나중에 내가 받은 할머니의 무조건적인 사랑이 아버지의 사랑과 같다는 걸 알았다. 어머니는 하늘같이 의지했던 큰아들이 예수님을 믿고, 막내아들마저 선교사가 되자 예수님을 영접하시고 지금은 든든한 기도의 후원자가 되셨다.

장모님도 홀로 되었지만 평생 여섯 자녀들을 위해 희생하셨다. 장모님은 늘 새벽 3시부터 예배당에 나와 아침까지 기도하시는 분이다. 아내는 장모님의 기도로 예수님을 인격적으로 만나고 헌신하게 되었다고 한다.

우리를 후원하는 교회와 형제들, 무엇보다 두 어머니의 간절한 기도가 있었기에 첫 번째 사역지 톤덴 그리스도교회에서 놀라운 기적들이 일어났을 것이다. 우리 가족은 그들의 사랑을 아낌없이 받으며 본국 사역의 시간을 마쳤다.

일본으로 돌아가기 전, 우리는 호주 캔버라에서 열리는 예수전도단(YWAM)의 성경적 기초상담 과정 3개월 과정에 참가했다. 몇 년 간 일본에서 생활하면서 완벽을 지향하는 일본 사회와 문화, 인간관계 때문에 많은 사람들이 마음의 병을 앓고 있음을 알게 되었다. 성경적 상담을 배울 수 있었던 것은 앞으로의 더 긴 사역을 위해 주님이 예비하신 축복의 기회였다.

젊은이, 도시, 그리고 제자들

1년 3개월의 본국 사역과 기초상담 공부를 마치고 삿포로로 돌아온 것은 1996년 7월 31일이었다. 우리가 톤덴을 떠나기 전부터 두 번째 사역지를 OMF 리더들이 의논하고 있었다. 도쿄로 와 달라는 선배의 요청도 있었지만, 리더들과 기도하면서 삿포로 시내 중심지에 있던 삿포로 국제그리스도교회로 가기로 결정했다.

우리가 홋카이도의 가장 큰 도시 삿포로 중심가에 있는 이 교회에서 두 번째 사역을 시작하려는 데는 몇 가지 이유가 있었다.

첫째는 제자를 길러 내는 사역을 위해서였다. 나는 사랑의교회에서 옥한흠 목사님의 제자훈련 사역을 경험했다. 톤덴 교회에서 몇 년을 지내면서 일본 평신도들이 교육을 통해 주님의 제자로 거듭나고 영적으로 깨어 교회를 세워 나가는 제자훈련만이 일본 교회를 튼튼

하게 세울 수 있다고 확신했다. 윌리엄 클라크가 삿포로농업학교에서 길러낸 15명의 제자들이 일본 기독교계의 리더가 된 것처럼, 제대로 훈련받은 소수의 성도들이 공동체를 변화시키고 미래의 일본 기독교를 이끌고 나갈 것이기 때문이다.

톤덴 교회에서도 제자훈련을 하고 싶었으나 언어가 부족했고, 여러 가지 여건 때문에 실천할 수 없었다. 이제 일본어 실력도 향상되었고 일본 교회의 경험도 쌓았기 때문에 충분히 가능하다고 생각했다. OMF 리더들은 나의 이런 생각을 존중해 삿포로 국제그리스도교회를 추천해 주었다.

둘째는 도시선교가 중요하기 때문이었다. 도시선교의 중요성은 선교학에서 배웠지만 개인적으로도 경험했다. 나는 충청도 서산 두메산골 출신이다. 초등학교에 들어가기까지 전기도 수도도 없었고, 버스를 타려면 7-8킬로미터를 걸어 나가야 했다. 동네 사람들은 대부분 친족 일가였다. 무엇을 하든지 눈치를 보고 튀어선 안 되었다. 어린 시절, 동네에 감리교회가 하나 세워졌지만 쉽게 갈 수 있는 곳이 아니었다. 동네 사람 다수가 절에 다녔고 어머니를 따라 나도 당연히 불교가 나의 종교라고 믿었다.

그러다 수도권에 있는 고등학교에 진학하면서 나는 매일 문화적 충격을 받았다. 16년 동안 굳어 있던 고정관념들, 특히 기독교에 대한 편견이 무너져 갔다. 주변의 기독교인들을 보면 분위기가 밝고 올

바른 지식을 갖고 행동하는 것 같았다.

　재수할 때, 함께 자취하던 형이 나를 전도했다. 형은 공군사관학교에 다니던 때 군목인 김선도 목사님의 설교를 듣고 예수님을 믿기 시작했다. 형이 부르는 찬송가 소리가 얼마나 듣기 좋던지 따라 부르다가 교회까지 따라 나갔다. 지금도 사랑하고 존경하지만 나는 예전부터 형을 좋아했다. 우리 형은 어머니가 불공을 드려 낳은 가장 기대하는 아들이었다. 그런 형과 내가 시골을 떠나 도시로 오지 않았다면 자유롭게 기독교로 신앙을 바꾸기 어려웠을 것이다.

　일본 최북단인 홋카이도는 대략 530만 명(2020년 추계)이 살고 있고, 주도인 삿포로에는 200만 명이 산다. 삿포로는 홋카이도의 문화, 경제, 관광의 중심지이며 일본에서 다섯 번째로 큰 도시다. 공동체의 눈치를 보고 행동이 자유롭지 않은 일본인의 경우에도 그나마 도시가 시골보다는 선교의 접점이 많다고 보았다.

　셋째는 젊은이 선교에 집중하기 위해서였다. 나는 한국에 있을 때 청년 사역을 했다. 청년들은 순수하고 비교적 결단이 빠르다. 그들은 예수님을 주님으로 고백하면서 자존감을 회복하고 젊은 나이부터 헌신한다. 내가 살던 고향 교회의 전도사들이 아무리 애써도 꿈쩍도 안 하던 동네 어른들도 젊은 우리 형과 내가 회심하여 전도하자 마음을 열고 예수님을 믿게 되었다. 일본에서도 마찬가지다. 젊은이들이 먼저 믿어야 그들의 가족과 이웃이 전도되는 경우가 많다.

우치무라 간조 역시 자존심이 세고 유교를 철저히 믿던 아버지를 눈물로 전도했다. 결국 그의 아버지는 "예수님의 제자가 되겠다"는 신앙고백을 한 후, 술을 끊고 인격이 완전히 변화되었다. 그 후 사촌, 삼촌, 형제들, 어머니, 누이 모두가 아버지의 뒤를 따랐다.

우리가 두 번째로 사역하게 된 삿포로 국제그리스도교회는 학생들과 젊은 직장인들이 많이 모이는 시내 중심가에 있다. 삿포로역과 홋카이도대학이 걸어서 10분 정도, 관광 중심지인 오오도리공원이 5분 거리이고, 근처에 관공서가 많다. 우리에겐 이것이 중요했다.

넷째는 선교회가 강력하게 요청했기 때문이다. 삿포로 국제그리스도교회는 우리가 부임하기 10년 전인 1986년 11월, OMF의 알렌과 일레인 미첼 선교사가 개척했다. 이후로 영국과 홍콩에서 온 단기 선교사들이 머물다 다시 미첼 부부가 맡고 있었다. 20대에 각각 영국과 미국에서 일본 선교사로 들어왔다가 결혼한 미첼 부부는 40년째 일본 선교에 헌신해 온 베테랑 선교사들이었다. 그들은 우리에게 사역을 맡기고 은퇴할 예정이었다.

알렌 미첼 선교사가 비싼 임대료를 물면서도 삿포로 중심가에 영어학원과 함께 교회를 시작한 것은 두 가지 이유에서였다. 하나는 도심에 있는 직장인과 학생, 유학이나 직장 때문에 와 있는 외국인들에게 복음을 전하기 위해서였고, 다른 하나는 삿포로 중심가엔 자유주의 성향의 교회가 많고 복음주의적 교회가 거의 없었기 때문이다.

삿포로 국제그리스도교회는 우리가 부임하기 10년 전인 1986년 11월, OMF의 알렌과 일레인 미첼 선교사가 개척했다.

우리가 국제그리스도교회에 가 보니 10년 동안 여러 선교사들이 수고했음에도 불구하고 교인은 스무 명이 채 되지 못했다. 개척 초기 5년 동안은 성도가 다섯 명도 안 되어 교회를 닫을까 심각하게 고민했다고 한다. 하나님의 은혜로 지금까지 버텨 오고 있지만 외국인 선교사들이 오고가서 그런지 교회는 안정감이 부족했고, 언제고 해체될 수 있겠다 싶은 위태로움도 느껴졌다. OMF 리더들은 3층 빌딩의 2층 전체를 세내어 살며, 매달 42만 엔(우리돈 약 450만 원)이란 비싼 월세를 주고 있는 이 교회에 어떻게 하든 돌파구를 마련해 주기를 기대하며 우리 부부를 강력하게 요청한 듯했다.

같이 놉시다

삿포로 국제그리스도교회에는 우리 부부와 여러 명의 외국인 선교사들이 있었다. 우리 가족이 삿포로로 오자 미첼 선교사 부부는 자신들이 쓰던 방 세 개짜리 아파트를 양보하고 방 두 개짜리로 이사를 갔다. 미첼 부부는 우리 아이들의 학교 문제도 알아봐 주는 등 정착을 도와주었다. 그들은 일본인들도 감탄할 정도로 예의 바르고 훌륭한 일본어를 구사했고, 언제나 배우는 태도로 겸손했다. 은퇴하기까지 8개월 간 같이 일했는데, 알렌 선교사는 아직 젊은 내가 교회에서 리더십을 세울 수 있도록 세미나를 인도하게 하는 등 적극적으로 사역의 기회를 주었다.

나는 그들로부터 사역뿐 아니라 인간적인 면과 삶을 배웠다. OMF에는 귀감이 되는 선배 선교사들이 많지만 가장 인상적이고 아름다운 부부 선교사로 알렌과 일레인 미첼 부부를 꼽고 싶다.

메리안 멀피 선교사는 성품이 온화하고 우리 손이 미치지 않는 교회 구석구석을 살폈다. 몇 번이나 우리 아이들을 돌봐 주고 맛있는 파인애플 피자를 만들어 주었다. 우리 아이들은 메리안 선교사를 한국말로 "이모"라고 불렀는데, 메리안은 이 호칭을 아주 좋아했다.

낸시 화이트 선교사는 홋카이도대학에서 영어를 가르치면서 우리 교회와 협력해 사회인 전도 등을 도왔다. 씩씩하고 화끈한 성격으로 같은 독신 선교사인 메리안과 서로 의지하며 조화롭게 사역을 이루었다.

70대 초반의 영국에서 온 마이클 벤슨이라는 단기 선교사도 있었다. 영국의 신학교에서 헬라어를 가르치던 교수였는데, 몇 년 전 아내를 여읜 후 남은 인생을 선교에 바치고 싶어 일본에 왔다고 했다. 알렌 미첼 선교사의 친구이기도 한 그는 정말 영국 신사였다. 풍부한 유머감각으로 교회 어르신들의 좋은 친구가 되어 주었다. 그분의 친한 친구로는 80세가 다 되어 가는 누마타 할머니가 있었다.

"벤슨 씨, 오늘 안색이 좋아 보입니다."

"누마타 할머니도 건강해 보이세요."

할머니는 영어를 못했고, 마이클은 일본어를 못했지만 신기하게도 의사소통에 전혀 지장이 없었다. 그분들만 아는 천국의 공통언어를 쓰셨는지도 모른다. 이미 고인이 되었지만, 지금도 두 분을 생각하면 웃음이 절로 나온다.

우리 부부는 국제그리스도교회에서 사역하는 동안 여러 나라에서 온 선교사들과 팀을 이루며 동역했다. 그들의 문화를 이해하며 일의 속도와 방법을 조율해야 하는 어려움도 있었지만, 함께 일하는 방법을 배우고 풍성한 하나님 나라의 은혜를 체험하는 축복된 시간이었다.

삿포로에 도착하자마자 교회 여름캠프에서 큐티(QT)에 관한 강의를 하며 나는 두 번째 사역을 시작했다.

지난 몇 년 동안 톤덴 교회에서 지내며 느낀 점이 있었다. 일본 그리스도인들은 성경 지식을 추구하는 면은 강했다. 우리나라의 수요예배를 대부분의 전통적 일본 교회에서는 '성경연구 및 기도회'라고 부르고, 그 시간에 주로 성경공부를 한다. 지식은 많으나 배운 것을 실제 삶에 적용하고 살아 계신 하나님을 체험하는 면이 약한 일본 성도들에게는 지식과 체험을 함께 얻을 수 있는 '통합적 성경공부'가 필요했다. 큐티는 이런 면에서 아주 중요했다.

"여러분은 왜 성경을 읽고 공부하나요?"

나의 질문에 교인들은 아무도 대답하지 않았다.

"하나님은 살아 계셔서 그분의 감동으로 쓰인 이 성경을 통해 말씀하시기 때문입니다. 그러면 우리는 어떻게 성경을 통해 인도하심을 받을 수 있을까요?"

이번에도 조용했다. 혹시 답을 알아도 서로 눈치를 보느라 말하지 않는 것이 일본 문화다.

"먼저 하나님의 도우심을 받기 위해 기도해야 합니다. 그 다음에 성경을 읽고 본문의 주제가 무엇인지, 내가 받아야 할 교훈은 무엇인지, 또 회개할 것은 무엇인지 알고 그 깨달은 말씀을 오늘 나의 삶에 적용해야 합니다."

교인들은 흥미를 보이며 귀를 기울였다. 우리에게는 익숙한 큐티지만, 당시 일본 교회에서는 아주 생소한 개념이었다. 강의가 끝난 후, 실제로 각자 성경 말씀을 읽고 몇몇 그룹으로 모여 나누는 시간을 가졌다. 서로의 이야기를 들으며 성도들은 신선한 충격을 받은 모양이었다.

'아, 앞으로 제자훈련이 가능하겠구나!'

나는 기뻐하며 감사했다. 우리의 2기 사역으로 일본 교인들의 영적 성숙을 위한 제자훈련을 계획하고 있었기 때문이다. 그러나 삿포로 국제그리스도교회의 성도들이 부임한 지 얼마 안 되는 한국인 선교사인 나를 신뢰하려면 시간이 필요했다.

"쇼지 씨, 예배 끝나고 집으로 가시나요?"

주일예배와 교제를 마치고 돌아가는 성도들과 인사를 하던 나는 젊은 쇼지 씨에게 물었다. 그는 홋카이도대학 학생이었다.

"아니요. 유우키랑 오랜만에 탁구 치고 갑니다."

"아, 그래요? 그럼 함께할까요? 저도 탁구는 좀 칩니다."

내 탁구 실력을 반신반의하던 교인들은 우르르 몰려가더니 창고에 넣어 둔 탁구대를 꺼내 왔다.

양복을 벗어 던지고 땀을 뻘뻘 흘리며 탁구채를 휘두르다 보면 목사와 교인 사이의 서먹함은 어느새 사라지고 우리 모두가 하나의 공동체라는 끈끈한 연대의식이 생긴다.

나는 성도들이 모이는 곳이라면 어디든 따라갔다. 주일 설교 준비를 주중에 부지런히 마쳐 놓고 토요일이 되면 낚시와 등산도 함께 다녔다. 무슨 구실을 만들어서라도 우리집에 초대해 자주 음식을 나누어 먹었다. 성도들이 나를 선교사로, 또 인간적으로도 괜찮은 사람이라고 인정하는 것이 그 어떤 프로그램을 시작하는 것보다 중요했다. 교인들이 나를 신뢰하고 받아들여줄 때까지 그들과 함께 어울릴 작정이었다. 교회가 안정될 때까지는 선배 선교사들이 하던 운영 방식도 바꾸지 않았다. 그렇게 6-7개월쯤 지났을 때 교회의 기존 성도들이 마음문을 열고 우리를 받아 주기 시작했다.

함께 자라가는 성도들

"한국에서는 제자훈련이라고 하는데…… 어떨까요?"

매주 화요일 오후, 교회를 섬기는 선교사들이 한 자리에 모여 의견을 나누는 팀 미팅이 열렸다. 나와 아내가 교회 성도들을 대상으로 하는 제자훈련 계획을 발표하며 적당한 명칭이 있을지 의견을 물었다.

"일본 사람들은 '훈련'이란 말을 불편하게 생각합니다. 자위대 훈련이 떠오르기 때문이지요."

40년 경력의 알렌 선교사는 일본 문화를 잘 이해하고 있었다.

"내용은 그대로 하되 대신 이름을 '그로잉 투게더'(Growing Together, 함께 성장하기)로 하면 어떨까요?"

알렌 선교사는 우리가 생각했던 이미지에 딱 맞는 단어를 찾아 주었다. 일본 교회는 성도 수가 적을 뿐 아니라 성도를 대상으로 하는 훈련이나 양육과정이 빈약하다. 애써 전도해 교인이 되어도 그저 매주 교회에 가서 예배를 드리는 것으로 만족한다. 그리스도의 군사라든가, 주의 제자로 성장한다는 개념 자체가 낯선 것이었고, 세계 선교나 일본 열도 선교는 막연한 구호에 불과했다. 말씀과 기도로 매일의 삶을 주와 동행한다는 것도 지식으로만 이해했다. 그래선지 일본 교인들 가운데는 헌신자나 사역자가 너무도 적었다.

그동안 교회를 맡고 있었던 외국 선교사들은 언어와 문화의 장벽을 넘기 어려워 제자훈련은 엄두를 못 냈다. 하지만 제자훈련 없이 일본 선교의 미래를 기대할 수 없다는 결론을 내린 우리는 더 이상 미룰 수 없었다.

알렌과 일레인 미첼 부부가 은퇴하여 교회를 떠나고 후임으로 우리 부부가 교회를 맡게 된 1997년 4월, 드디어 첫 번째 제자훈련이 시작되었다. 우리는 단어의 첫 자와 연도를 넣어 'GT97'이라고 이름을 붙였다. 미리 세미나와 설교를 통해 동기부여를 해서 그런지 공지를 하고 나서 24명의 교인들이 거의 다 등록을 했다. 속으로는 하고 싶지 않으나 다른 교인들이 한다고 하니 마지못해 신청한 사람도 있었을 것이다. 이것이 일본 문화의 특징이다.

우리는 솔직하게 말했다.

"안 하셔도 괜찮습니다. 다음 기회가 또 있습니다. 부디 마음 편히 선택하세요."

무엇이든 강제나 강요에 의한 것은 부작용만 있고 열매가 없다. 하나님은 친히 예비하신 성도들을 보내 주신다.

우리는 등록한 성도들을 세 그룹으로 나누어 화요일 오전, 수요일 저녁, 토요일 저녁에 모이기로 했다. 교재는 우리 부부가 여러 자료들을 참고하여 만들었다. 1년에 걸쳐 3단계를 마치면 셀 리더로 세우는 것을 첫 번째 목표로 삼았다.

화요일 오전 그룹은 교회에서 모였다. 성경공부와 나눔을 마치면 싸 가지고 온 음식을 나누며 교제 시간을 가졌다. 화요 그룹 멤버인 오바라 자매는 GT를 시작하기 전 주일에 우리 교회 교인인 우노 자매를 길에서 우연히 만나 예배에 처음 나왔다. 결혼 전에 교회를 다니며 세례를 받기도 했지만 결혼 후에는 신앙생활을 하지 않고 있었다. 그러다 우연찮게 중학교 동창인 우노 자매를 만나게 된 것이다. 다시 교회에 다니기 시작한 지 얼마 되지 않았으면서도 오바라 자매는 제자훈련에도 흔쾌히 참여했다. 그녀는 훈련을 잘 마치고 교회의 핵심 멤버가 되었다.

미국 남침례교단 소속의 워커 선교사도 제자훈련을 배우고 싶다며 화요일 모임에 참석했다. 50대 중반의 중진 선교사가 젊은 선교사에게 기꺼이 배우러 오다니 그의 겸손한 태도에 우리가 오히려 격려를 얻고 감사했다.

수요일 저녁 모임은 사회인 그룹으로 우리집에서 모였다. 교회가 세 들어 있는 빌딩 주인이 밤 10시면 문을 닫았기 때문이다. 퇴근하고 피곤한 몸으로 모임에 오는 멤버들에게 따듯한 저녁을 대접하고 싶기도 했다. 하루 종일 일에 시달리다가 집에 곧장 가서 쉬고 싶은 달콤한 유혹을 뿌리치고 모임에 참석한다는 것이 얼마나 힘든 일이겠는가.

"도대체 제자훈련이 다 뭐야?"

처음엔 예의상 어쩔 수 없이 참여하던 교인들이 따듯한 환대에 마음을 열고, 서로의 삶을 나누며 격려까지 받으니 분위기가 차츰 달라졌다.

어느 수요일 저녁이었다. 모임이 시작되고 나서 좀 늦게 마츠다 자매가 가쁜 숨을 몰아쉬며 들어왔다. 우리집에서 꽤 먼, 눈이 오면 한 시간도 더 걸리는 이시카리에서 오는 자매였다. 서로의 이야기를 나누는 시간에 본인의 차례가 되자 마츠다 자매는 와락 눈물을 터뜨렸다.

"이 소중한 시간……늦을까 봐……얼마나……애를 태웠는지 모르겠습니다. 여기 오는 게……이제 제 삶의 원동력이 되었습니다."

둘러앉은 멤버들도 모두 울컥했다. 마츠다 자매는 남편과 이혼하고 청소 일을 하면서 두 아들을 어렵게 키우고 있었다. 고된 삶에 지친 자매의 눈물 속에 주님의 위로가 넘치는 것이 우리에게도 보였다.

즐거운 일도 있었다. 수요 모임 멤버 가운데 대만에서 온 코우 형제가 있었다. 그는 홋카이도대학 박사과정에 다녔다. 어느 날 이 형제가 같은 대만 여학생 량을 모임에 데려왔다. 그 자매는 교회는커녕 예수님을 전혀 알지 못하는 학생이었다. 우리는 많이 당황했다. 기본적으로 제자훈련은 기독교인이 대상이기 때문이었다. 그러나 이미

온 자매를 어떻게 하겠는가? 반갑게 맞이하여 같이 식사하고 찬양하고 말씀을 공부했다. 기독교에 문외한인 생짜배기 여학생 량의 마음을 성령께서 여셨다.

성경을 공부하다가 갑자기 량이 말했다.

"저도 예수님을 믿고 싶어요."

하나님께서 얼마나 급하게 그 영혼을 구원하고 싶었으면 수요일 저녁에 이 자매를 우리에게 보내셨을까? 하나님의 마음이 느껴졌다.

량 자매는 그날 이후 주일예배에도 나왔다. 자신도 성찬식에 참여하고 싶으니 세례를 받게 해달라고 조르기도 했다. 량 자매는 주님의 제자로 정말 예쁘게 성장했다. 주님의 교회를 그렇게 사랑하는 사람을 본 적이 없을 정도다. 그녀는 7년 후, 박사과정을 마치고 취업해 대만으로 돌아갔다. 하지만 몇 번이나 교회가 힘들 때마다 헌금을 보내 주었고, 늘 우리 교회를 위해 기도해 주었다.

평일에 퇴근 시간이 너무 늦어 수요일 모임도 참석하기 어려운 직장인들과 학생들은 토요일 저녁 7시 반에 우리집에서 모임을 가졌다. 아내는 이때도 맛있는 음식을 만들어 대접했다. 중고품이지만 선교사의 입장에선 꽤 비싼 돈을 들여 산 10인용 식탁은 매번 사랑과 따뜻한 음식으로 풍성해졌다. 이 식탁 위에서 우리는 함께 먹고, 성경을 공부하고, 삶을 나누었다.

세례는 받았으나 교회를 떠났던 사람이 제자훈련을 통해 신앙을 회복하고, 중병에 걸린 아내 때문에 교회에 나오던 남편이 제자훈련을 통해 성령의 감화를 받고 변화되었다. 제자훈련을 받은 청년들 중에는 직장 때문에 삿포로를 떠나 일본 전역으로 흩어졌으나 그곳에서도 교회의 신실한 일꾼으로 섬기는 이가 있었으며, 후에 사역자가 된 이도 있다. 홋카이도대학 박사과정에 있던 세 명의 중국인 학생들도 졸업 후 본국에 돌아가면 주님을 증거하겠다는 다짐을 전했다. 아내와 나는 개인 사정이 있어 제자훈련에 참석하지 못한 성도들을 위해 개인적으로 보충수업을 해주었다.

주님의 격려로 용기 있게 시작한 제자훈련은 조금씩 열매를 맺어갔다. 그해 크리스마스 집회에는 폭설 가운데서도 100여 명이 모여 성황을 이루었다. GT97이 시작된 지 1년, 개인 사정으로 몇 명은 중간에 그만두었으나 열두 명이 제자훈련을 끝까지 마쳤다. 예수님의 제자 열두 명처럼 훈련을 수료한 교인들은 교회의 든든한 중심축이 되었다.

다섯 개의 셀

우리는 열두 명의 리더들을 중심으로 다섯 개의 셀 그룹을 구성했다. 교회는 삿포로 시내 중심지에 있으나 교인들의 집은 삿포로 전역에 흩어져 있었다. 모이기 쉽게 교인들의 주거지를 중심으로 셀을 만들고, 전도 대상자들이 그 집에 모여 성경공부를 하고 교제도 나누다가 마음이 열리면 교회에 데려왔다.

보통 일본 사람들은 자기 집을 개방하는 것을 꺼린다. 그러나 셀 리더들은 우리가 먼저 집을 개방해 정기 모임을 갖는 것을 보고, 그 좋은 점을 충분히 경험해서 그런지 솔선하여 자기 집을 모임 장소로 제공했다.

삿포로 북쪽에 사는 이도 형제의 집에서는 키타(북) 셀, 삿포로 남쪽 아츠베츠 구에 있는 츠츠미 자매의 집에서는 아츠베츠 셀, 타케다 부부의 집에서는 시로이시 셀, 우노 자매의 집에서는 니시오카 셀, 그리고 교회에서는 중앙 셀 그룹이 모였다. 다섯 개의 셀 이외의 청년들은 그들끼리 교회에서 따로 모였다. 우리 부부는 각자 맡은 셀 모임에 수시로 참석했다. 일주일이 어떻게 지나가는지도 모르게 빠르게 흘렀다.

셀 그룹을 통해 구원받는 사람들이 하나 둘 생기기 시작했다. 한 영혼을 품고 기도하며 그들이 한 명의 성도로 태어나는 것을 보는 과정은 긴장되고 때로는 고통스러운 시간이었다. 하지만 설레고 흥분되는 시간이기도 했다.

어느 날 도쿄에서 사는 한 기독교인 자매에게서 전화가 왔다.
"목사님, 제가 아는 사람이 삿포로 니시오카 주변에 사는데 한번 만나 주실 수 있나요?"

니시오카에는 우노 자매의 셀이 있었다. 그 셀에 새 신자가 오기를 기도하고 있던 우리는 소개받은 노구치 자매를 셀 모임에 초대했다. 노구치 자매는 혼자 오지 않았다. 같은 아파트에 사는 친구인 고토우 자매를 데려왔다. 둘 다 아이가 없었고 남편이 직장에 가면 비교적 시간이 많았다. 외로웠던 두 사람은 미우라 아야코(베스트셀러 『빙점』의 작가. 말년에 기독교 신앙과 하나님의 사랑을 주제로 많은 작품을 발표했다)의 책들을 읽으며 인생의 의미를 찾다가 기독교에 조금씩 마음 문을 열었다고 했다.

노구치 자매와 고토우 자매는 셀 모임에 빠지지 않았다. 나눔의 시간에는 어색해하면서도 자기 이야기를 털어놓았다. 얼마 후 두 자매는 예수 그리스도를 구주로 영접했다. 한 영혼이 거듭나기만 해도 가슴 벅찬데 쌍둥이가 태어난 것이다.

노구치 자매는 같은 지역에 사는 미즈시로 부인을 셀로 인도했다. 미즈시로 부인은 아들만 셋이 있는데, 큰 아들이 정신적인 문제가 있어 하루하루를 걱정 근심으로 보내고 있었다. 미즈시로 부인은 모임에 올 때마다 속마음을 털어놓고 눈물을 흘렸다. 우리는 진심으로

제자훈련의 또 다른 이름 GT97을 통해 열두 명의 리더가 세워지고, 다섯 개의 셀 그룹이 형성되었다.
▲ 부인 셀 모임(1999년)
▼ 남자 셀 모임

미즈시로 부인과 그 가정을 위해 기도했다. 미즈시로 부인도 구원받고 세례를 받았다.

셀 그룹을 통해 구원받은 사람들의 이야기를 여기서 다 말할 수 없다. 이후로 셀은 계속 성장했다. 한 달에 한 번씩 셀 리더들이 모이면 큰 기쁨의 소식들이 넘쳐났다. 셀을 중심으로 교회는 활기를 띠었다. 그러나 개인적 혹은 정신적인 문제로 제자훈련에 참여하지 못하는 교인들도 있었다. 그들이 소외되지 않도록 우리는 더욱 관심을 기울였다. 안식년에 공부했던 기독교 상담이 아주 도움이 되었다. 일단 들어 주고 공감해 주고 함께 기도하며 어려움을 극복해 나갈 수 있도록 격려했다.

제자훈련을 마친 성도들은 서로 사랑하고 신뢰하는 관계가 형성되었다. 그리고 자신들이 받은 은혜와 사랑으로 더 약한 지체들을 섬기고 전도하려는 열정이 충만하게 되었다.

뉴라이프 8주간 성경공부

교회 예배에 거의 매주 새로운 사람들이 왔다. 삿포로 국제그리스도교회는 시내 중심에 있었기 때문에 삿포로 전역에서 오기가 좋았다. 또 한 가지, 홋카이도대학이 가까이 있어 중국, 아프리카, 아시아, 유럽, 미국 등에서 유학 온 학생들이 많았다. 예배와 셀 모임에 처음 오는 구도자들을 위해 적당한 성경공부 교재가 필요했다.

일본어 성경에는 하나님이 '가미'(神)로 번역되어 있다. 이는 기독교의 절대적이고 유일한 창조주를 뜻하지 않는다. 일본인들은 800만이 넘는 잡신의 존재를 믿는데, 이 명칭 역시 '800만 가미'다.

"신은 다 똑같은 거 아닌가? 후지산을 여러 길로 올라갈 수 있는 것처럼."

이렇게 신에 대한 개념에 구분이 없기 때문에 일본인들은 아기가 태어나면 신사에서 축복을 빌고, 결혼식은 교회 예배당에서 하고,

뉴라이프 8주간 성경공부

사람이 죽으면 절에 가서 장례하는 것에 아무런 갈등이 없다.

나는 유일신인 기독교의 창조주를 잘 소개하면서 창세기에 나오는 인류의 타락과 타락 이후, 그리고 그리스도를 통한 구원을 쉽게 풀이한 교재를 찾았지만 발견하기가 쉽지 않았다. 부족하지만 내가 직접 만드는 수밖에 없었다. 기존의 자료들과 일본인의 신관 등을 고려해 주제를 선정하고 틀을 짰다.

교재의 이름은 『뉴라이프 바이블 스터디』였다. 이 책은 8주 동안 공부할 수 있도록 되어 있다. 내용은 성경이 어떻게 이루어졌으며 신뢰할 만한 책인지, 하나님은 누구인지, 성경은 인간을 어떻게 말하고 있는지, 인간에게는 왜 만족이 없는지, 죄의 문제와 십자가에 대해 배우고, 마지막에는 예수 그리스도를 믿을 것인지 개인적인 결단을 할 수 있도록 구성했다.

일 년에 두 차례 우리는 이 교재로 성경공부를 진행하면서 다섯 명 이상이 참석할 수 있도록 기도했다. 하나님의 은혜로 매번 인원이 찼다. 또 성경공부를 할 때마다 평신도 리더가 적어도 한 명씩 참석해서 인도하는 방법을 배우도록 했다. 셀 리더 가운데 가르치는 은사가 있는 교인은 직접 자신의 셀에서 이 교재로 가르치게 했다.

츠츠미 자매가 노구치 자매, 고토우 자매, 미즈시로 자매를 이 책으로 가르치고 구원 영접까지 인도했을 때 우리는 얼마나 기뻤는지 모른다. 평신도들이 어느새 우리와 함께 강력한 주님의 제자들로 성장하고 있었다.

우리가 만든 『뉴라이프 바이블 스터디』는 일본에서 정식으로 출판되었다. 일본 목회자들과 일본 선교사들 사이에서 초신자 성경공부에 좋다고 입소문이 나서 지금도 많은 곳에서 애용하고 있다. 얼마 전에는 이 책으로 성경공부를 인도하는 사람들을 위한 책자도 완성되었다.

일본의 한 영혼이라도 이 책을 통해 복음의 놀라운 진리를 깨닫고 주님께로 돌아오길 소원한다.

오늘 저를 도와줄 누군가를 기다리고 있었습니다

우리가 삿포로 국제그리스도교회에 온 지 3년이 되었다. 교회 안에서 GT 제자훈련이 정착되어 가고 셀 모임도 활기를 띠었다. 1999년의 목표는 전도였다.

그해 봄, 우리 교회 교인들 15명 정도와 함께 한국 교회를 방문하는 비전 트립을 했다. 한국에서 명성교회 새벽예배에 참석한 후 교우들은 크게 도전을 받았다. 삿포로에 돌아오자 리더인 한 형제가 제안했다.

"우리도 새벽예배를 드리는 것이 어떻습니까?"

어려울 것은 없었다. 나와 아내는 규칙적이진 않지만 이미 새벽에 나와 기도하고 있었기 때문이다. 그때부터 우리 교회는 새벽 5시 반에 새벽기도회를 시작했다. 겨울이 길고 춥고 눈이 많은 홋카이도에서 새벽예배를 드리기란 쉬운 일이 아니다. 눈 쌓인 길을 뚫고 새벽에 나오는 것부터 전쟁이다. 나 역시 교회에 오면 먼저 주차장 눈부터 치우는데, 추운 날에도 온몸이 땀으로 흠뻑 젖었다.

시로이 시에서 30분이 넘게 운전하고 오는 타케다 부부가 있었다. 타케다 씨 아내는 젊었을 때 한국 여의도 광장에서 열렸던 빌리 그래함 집회에 며칠 동안 참석했다. 그때 여의도 광장을 가득 메운 성도들이 뜨겁게 기도하는 광경을 보고 엄청나게 큰 도전을 받았다고 한다.

"아, 일본 교회는 이것이 부족하구나!"

그녀는 이후로 기도하는 것을 최우선으로 삼았다.

어쨌든 기도의 불은 붙었고, 성령께서 교회를 강건하게 세워 주시길 기도했다.

어느덧 홋카이도에 아름다운 여름이 왔다. 호주 시드니 근처 맨리 마태교회 전도폭발 아웃리치팀이 삿포로에 왔다가 우리 교회를 방문했다. 그 교회에는 홋카이도대학 유학 시절 우리 교회에 출석하던 앤이 다니고 있었다. 앤은 미리 내게 마태교회 전도팀이 우리 교회를 방문해도 좋은지 메일을 보내 왔었다. 앤은 호주로 돌아간 후, 그 교회에서 청년을 대상으로 한 전도폭발훈련을 받았다고 한다. 앤은 교회 담임인 하버 목사와 청년 담당 목사, 그리고 팀원 10여 명과 함께 삿포로에 왔다.

나는 그들에게 우리 교인들을 대상으로 전도폭발 세미나를 열어

시내에서 거리 전도를 하는 삿포로 국제그리스도교회 청년들

달라고 부탁했다. 한국에 있을 때 나도 전도폭발훈련을 접하기는 했으나 실습할 여유가 없었기 때문에 상당히 관심이 많았다. 전도폭발(Evangelism Explosion)은 1960년 미국의 제임스 케네디 목사가 개발한 전도 방법이다.

전도폭발 세미나는 맨리 마태교회 전도팀의 헌신적인 섬김으로 아주 즐겁게 진행되었다. 우리 교인 10여 명도 훈련을 받고 함께 근처 오오도리 공원에 나가 전도를 하고, 지인들을 상대로 복음을 제시하기도 했다. 이 훈련을 통해 우리 교인들도 유연하게 전도할 수 있었고 상대방이 변화되는 모습을 보며 용기를 얻었다.

마태교회와의 교류는 이것으로 끝나지 않았다. 하버 목사는 내게 호주에 와서 성인용 전도폭발훈련을 받는다면 모든 비용을 자신의 교회에서 부담하겠다는 제의를 해왔다. 그해 가을 나는 시드니로 가서 훈련을 받았다. 나의 조력자는 호주 전도폭발 총책임자인 울릉공교회 스트로 목사였다. 나는 그와 함께 전도현장 훈련을 하기 위해 맨리 비치로 나갔다. 맨리 비치는 시드니 근교의 아름답고 유명한 해변이다. 나는 이곳에서 주님이 부르시어 구원받을 사람을 만나게 해달라는 기도를 했다.

얼마나 걸었을까. 한 청년이 물끄러미 망망한 바다를 바라보고 있었다. 나는 용기를 내서 그에게 말을 걸고, 복음을 소개하기 위한 첫 질문을 했다.

"만일 오늘 당신이 죽으면 천국에 갈 수 있겠습니까?"

그 청년은 나를 물끄러미 바라보더니 의외의 대답을 했다.

"저는 여기서 오늘 저를 도와줄 누군가를 기다리고 있었습니다. 바로 당신인 것 같군요."

나는 영어가 유창하지는 않지만 배운 대로 복음을 전했다. 그 청년은 어린아이같이 순수했다. 그는 그 자리에서 마음을 열고 예수님을 구주로 영접했다.

이런 경험을 여러 번 한 후, 나는 하나님께서 예비하신 영혼이 나의 전도를 기다리고 있다는 것을 다시 한번 깨달았다. 그동안 일본 문화의 틀에 갇혀 적극적으로 전도하지 못했던 것을 회개하고, 이 훈련이 일본 교회에 꼭 필요하다는 것을 확인했다.

일본에 돌아온 후, 나는 맨리 마태교회의 도움을 받아 젊은이 대상의 전도폭발 교재를 간략하게 정리해 일본어로 펴냈다. 삿포로 니시교회, 미나미교회, 히라오카교회 등은 적극적으로 우리 교회가 주최하는 세미나에 참여했다. 센다이까지 소문이 나서 라브리교회에 가서 세미나를 열었는데, 그 교회는 교인 전체가 참여할 정도로 열심을 냈다.

일본에는 1989년경, 이미 도쿄 커버넌트교회의 츠치야 준이치 목사를 통해 전도폭발 훈련이 들어왔으나 일본 문화에 맞지 않는다는 이유로 거의 활동이 중지된 상태였다. 그곳에서 발행한 교재를 보니 너무 복잡하고 어려워서 가뜩이나 전도에 두려움이 있는 일본 성도들은 물론 목사와 선교사도 사용하기 힘들어 보였다.

우리가 정리한 교재가 훨씬 좋아 많은 교회의 호응을 얻었다. 홋카이도에 전도폭발이 일어나고 있다는 소식이 미국 플로리다에 있는 본부에까지 알려져 전도폭발 동아시아 책임자 게인즈 목사가 몇 번이나 우리 교회를 방문하기도 했다.

맨리 마태교회는 2000년 시드니 올림픽이 열릴 때 우리를 다시 초청했다. 이번엔 맨리 지역의 일본 기독교인들을 대상으로 세미나를 열고, 올림픽에 온 사람들을 전도하기 위해서였다.

나와 우리 교인 아홉 명이 열흘 간의 시드니 올림픽 전도여행을 떠났다. 한국 선교사가 인도하는 일본 교회 교인들이 호주 목사의 도움을 받는 일본인들에게 전도 세미나를 여는 희한한 국제 미니스트리가 탄생한 것이다. 이것은 인간이 계획할 수도 실행에 옮길 수도 없는 일이었다. 이렇게 멋진 역사가 쉽고 간단하게 이루어진 것은 오직 성령의 힘이었다.

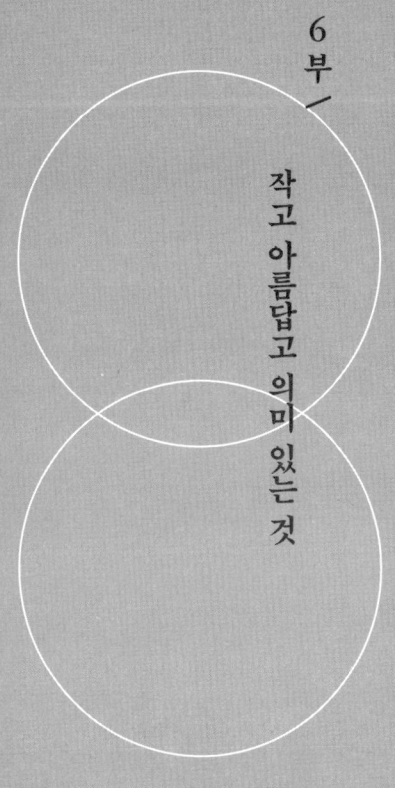

6부 / 작고 아름답고 의미 있는 것

"타카시가 웃네."

"오홋, 저렇게 잘생긴 얼굴이었나?"

그를 바라보는 교인들의 얼굴에도 함박 미소가 떠올랐다.

어린 시절 이지메를 당해 학교를 그만둔 타카시는 스물여섯이 되도록 집에서 나오지 않았다. 급기야 칼로 자살 시도까지 했다. 그는 엄마와 함께 나를 만나러 교회에 처음 왔을 때도 고개를 들지 않았다.

그는 모든 질문에 "응", "아니"로 답했다.

그런 타카시가 조금씩 변해 갔다. 웃기도 하고, 묻는 말에 대답도 하고.

우리 교회에는 마음의 병을 앓고 있는 성도들이 많이 왔다. 어떤 사람은 예배 시간에도 제자리에 앉지 못하고 서성였다. 설교에 집중하는 데 방해가 되어도 우리 교인들은 당연한 듯 너그럽게 이해했다.

성도 가운데 뇌수술을 해서 몸이 아픈 자매가 있었다. 그녀는 교회에 종종 도시락을 싸 왔다. 일본식 문양의 도시락 통에 주먹밥과 고기, 야채를 오밀조밀 예쁘게 담아 와 성도들과 조금씩 나누어 먹었다. 그녀는 작고 아름답고 의미 있는 것을 사랑했다.

세상에 적응 못하고, 무시당하고, 버림받고, 마음이 아픈 자들이 마음 놓고 들어와 예배하고 찬양하고 위로와 사랑을 받는 곳. 건강한 사람들이 그들과 함께 어울리며 격려하는 곳. 교회야말로 작고 아름답고 의미 있는 자들의 구원의 방주다.

작고 아름답고 의미 있는 것

제자훈련으로 평신도 리더들이 세워지고 전도도 열심히 하다 보니 젊은이들과 초신자들, 딱딱하고 보수적인 일본 교회에 적응 못한 사람들이 우리 교회를 많이 찾아왔다. 우리는 예배 형식을 전통적인 일본 교회와는 좀 다르게 바꾸었다. 일본 교회의 주일예배는 정한 형식에 맞춰 아주 엄숙하게 드린다. 예배당 의자도 옛날처럼 나무의자 위에 흰색 방석을 깐다. 예배의 시작을 알리는 멘트도 정해져 있다.

"지금부터 몇년 몇월 며칠 주일예배를 시작합니다."

나는 교회 문턱을 낮추기 위해 가벼운 인사로 예배를 시작했다. 일본 교회는 찬송가도 200-300년 된 오래된 성가만 부르지만, 우리는 예배 전에 현대적인 복음성가로 마음의 문을 열었다. 일본 교회에서는 쓰지 않는 드럼이나 기타, 피아노도 연주했다. 보통 일본 교회에서는 반주 악기로 오르간만 쓴다.

예배의 메시지도 이해하기 쉽게 풀어 설명했고 삶에 적용할 수 있도록 했다. 3개월은 구약을, 3개월은 신약을 강해 설교한다. 준비 시간이 엄청나게 필요했고 한 주 한 주가 치열한 싸움이었다. 그러나 예수님을 믿고 싶으나 마땅한 교회를 찾지 못했던 사람들이 이곳저곳을 헤매다가 우리 교회에 정착했다.

어느 주일이었다. 예배가 끝나고 새로 온 사람을 소개하는 시간이었다. 나는 방문자 카드를 보면서 이름을 불렀다.

"쿠로야나기 마리 씨, 오늘 처음 오셨군요. 괜찮다면 자리에서 일어나 주시면 감사하겠습니다."

세련된 옷차림의 중년 여성이 자리에서 일어났다. 그 순간 우리 교인들이 웅성댔다. 모두 놀란 표정으로 그녀를 응시했다.

"저는 쿠로야나기 마리입니다. 말씀 잘 들었습니다."

"잘 오셨습니다. 감사합니다."

설교할 때 눈물을 자꾸 흘려 유심히 본 자매였다. 나는 잘 모르지만 특별한 사람인가 보다 하며 조용하게 환영 인사를 했다. 일본 사람들은 처음 교회에 나왔을 때 박수치고 유난하게 환영하면 부담스러워서 다음에 안 올 수도 있다.

나중에 들으니 쿠로야나기 마리 자매는 홋카이도 텔레비전에 자주 나오는 유명인이었다. 발레리나이며 방송 해설자이자 작가이고 고급 미용실의 미용사였다. 그녀의 언니는 일본인이라면 누구나 아는 쿠로야나기 데츠코다. 쿠로야나기 데츠코는 일본 방송계의 살아 있는 전설로 배우이자 탤런트이고 명사회자이며 유명 작가다. 한국에도 그녀의 책 『창가의 토토』가 번역되어 나왔다.

마리 자매는 그날 이후 한 주도 빠짐없이 예배에 참석했다. 말씀을 하나라도 놓칠세라 귀 기울이며 노트에 적어 갔다. 그녀의 삶은 주님 안에서 변화되고 있었다.

잘나가는 언니 쿠로야나기 데츠코와는 달리 마리 자매의 인생은 평탄치 못했다. 그녀는 도쿄에서 살다가 말년에(그녀의 나이는 보기보다 많아 60세가 넘었다) 불행한 결혼생활을 끝내고 어머니의 고향 삿포로로 왔다. 삶을 정리하고 고향으로 돌아온다는 것은 죽음을 염두에 둔 것이었다. 그녀는 자살을 생각하며 하루하루 고통스럽게 보내던 중 어린 시절 어머니를 따라 갔던 교회 생각이 나서 우리 교회를 소개받고 찾아왔다고 했다.

마리 자매는 세례를 받고 신앙생활을 충실히 하며 삶이 완전히 바뀌었다. 그녀는 어딜 가나 늘 예수님을 증거했다. 각종 강연과 방송에 출연할 때마다 그녀의 삶에 어떤 변화가 있었는지, 무엇이 자신을 그렇게 바꾸었는지 고백하고 자연스럽게 성경 말씀을 전했다.

주일 예배도 끝나고, 점심식사도 마쳤지만 아직 많은 교우들이 예배당을 떠나지 않고 즐겁게 담소 중이었다. 그때 예배당 문이 스르륵 열리더니 어떤 중년 여성이 머리만 쑥 들이밀고 안을 둘러보았다. 성도 가운데 하나가 달려가서 그녀를 환영했다.

"어서 오세요. 예배는 끝났지만 원하면 언제든 들어오셔도 됩니다."

"나 쿠로야나기 마리짱 친구인데 여기 오라고 해서 왔어요."

그녀의 얼굴은 무척이나 어두웠고 사람들을 경계하는 빛이 역력했다.

"아, 그러시군요. 마리상은 집에 갔지만 괜찮다면 저희와 함께 얘기 나누셔도 됩니다."

그녀는 마리 자매가 없다는 말을 듣자 괜찮다며 문을 닫고 나갔다. 5분쯤 지났을까? 다시 교회 문이 열리고 조금 전 그 부인이 얼굴을 내밀었다.

"진짜 들어가도 돼요?"

"그럼요. 편하게 들어오세요."

누군가 따듯한 차를 내왔다. 그녀는 다소 안심한 듯 자리를 잡고 앉았다. 타다키 미치코 자매는 이렇게 용감하게 교회 문을 열고 첫발을 디뎠다.

타다키 자매는 분위기가 편했는지 자기 이야기를 조금씩 꺼냈다. 결혼하고 나서 얼마 지나지 않아 남편이 직장을 그만두고 일을 안 하는 것을 보고 '이건 안 되겠다' 싶어 이혼을 했다고 한다. 그런데 나중에 임신이 된 사실을 알고 홀로 딸을 출산했다.

60이 넘도록 평생 음식점을 하며 아이를 키웠고, 딸이 다 자라 독립을 해서 도쿄로 떠나 이제야 편히 살아 보려던 차에 뇌에 큰 병이 들었다. 뇌를 10센티미터나 가르는 수술을 받은 후 그 후유증으로 늘 몸이 아팠다. 약을 한 주먹씩 먹으며 사는 것이 고단하고 힘들던 차에 마리 자매의 전도를 받았다고 한다. 마리 자매는 그녀가 운영하는 식당의 단골손님이었다.

"마리상이 나를 찾아와 자기가 교회에 나가고 있고 얼마 전에 세례를 받았다며 그렇게 기쁘다는 거예요. 오랫동안 마리상을 알아 왔지만, 요즘에 정말 밝아진 모습을 보고 나도 교회에 가 볼까 하는 마음이 들었어요. 오늘 예배시간이 지난 줄 알면서도 마음이 급해 그냥 교회에 와 봤습니다."

타다키 자매는 이후로 한 주도 빠짐없이 예배에 출석하고 부인 셀 모임에도 참석했다. 몸이 견딜 만하면 기도회에도 왔다. 성경공부도 착실하게 하고 감격 속에 세례를 받았다. 주님 안에서 그녀는 이전의 상처와 아픔을 잊어 갔고, 육신의 병으로 인한 고통까지 이겨 냈다. 하나님의 사랑과 은혜를 말하면서 늘 목이 메었고 눈물을 흘렸다. 자기 같은 죄인을 사랑하고 대신 죽으신 예수님을 눈물 없이는 부를 수 없다고 했다. 우리는 종종 농담 삼아 그녀에게 말했다.

"처음 예배당에 얼굴을 불쑥 내밀 때 얼마나 표정이 어둡고 무서웠는지 아세요?"

"내가 정말 그랬어요?"

환하게 웃는 타다키 자매처럼 예수님 믿고 표정이 그렇게 밝아진 사람을 나는 본 적이 없다. 그녀는 작고 의미 있고 아름다운 것을 좋아했다. 교회에 올 땐, 도시락을 고운 보자기에 싸 가지고 왔다. 일본식 문양의 도시락 통에는 오밀조밀 예쁘게 꾸민 주먹밥과 고기, 야채가 들어 있었다. 주위의 모든 사람에게 조금이라도 맛을 보게 하고 맛있어 하면 타다키 자매는 어린아이처럼 행복해했다.

의사의 권고에도 불구하고 그녀는 커피도 좋아했는데, 예쁜 잔에 모든 형식을 갖춰 우아하게 마셨다. 아무리 바쁘고 경황이 없어도 커피를 마실 땐 품위 있고 여유가 있어야 한다는 것이 그녀의 철학이었다. 그녀가 있는 곳엔 늘 웃음이 이어졌고 따듯함과 위로와 여유가 넘쳤다.

타다키 자매가 위독해져 병원에 입원했다. 우리 부부가 병문안을 갔을 때 그녀는 병상에서도 어린아이처럼 밝고 천진난만했다.

"저는 괜찮으니 너무 걱정 마세요."

자매는 오히려 우리를 걱정해 주었다. 좋아하는 커피, 마음껏 드시라고 약간의 위로금을 드리고 기도할 때, 타다키 자매가 또 눈물을 흘렸다. 서러워서가 아니었다. 그것은 감사와 감격에 겨운 눈물이었다. 그것이 타다키 자매의 마지막 모습이었다.

며칠 후, 자매는 고단한 삶과 병든 육신을 훨훨 벗어 버리고 주님의 품에 안겼다. 작고, 아름답고, 하나님 때문에 살아갈 의미를 찾은 한 마리 새처럼.

오른손은 주님의 것

누마타 키미 할머니는 절망을 모르는 강인한 전쟁세대다. 우리나라도 일제 강점기와 전쟁을 겪은 어르신들이 정신력과 생활력이 강하듯 일본도 그러하다. 누마타 할머니가 기독교인이 된 것은 홋카이도의 쿠창이라는 유난히 눈이 많은 산속 마을에 살 때부터다. 그녀는 젊은 나이에 결혼하고 얼마 안 되어 남편을 병으로 잃었다. 전쟁이 끝난 직후, 홀로 된 여자가 자식들을 키우며 생계를 이어 가는 것은 불가능했다. 그녀는 자기처럼 혼자 된 남자와 재혼을 했다. 자기 자식들과 남편의 자식들, 또 둘 사이에 얻은 딸 미나코까지 기르느라 누마타 할머니는 모진 고생을 했다.

쿠창이란 마을에는 OMF가 세운 작은 교회가 하나 있었다. 누마타 할머니는 딸 미나코를 데리고 그 교회에 다녔다.

"사는 게 너무 팍팍하고 힘들어 하나님을 의지하게 되었다우. 찬양하고 말씀 듣고 그러다 보면 마음이 평안해졌지요."

재혼한 남편도 먼저 세상을 뜨고 누마타 할머니는 자식들이 사는 삿포로로 이사를 왔다. 우리가 교회에서 누마타 할머니를 만났을 땐 이미 70이 넘으셨다. 막내딸 미나코 자매는 우리 교회의 중심 멤버였다. 할머니는 몸이 불편했지만 다양한 취미생활을 했다. 붓글씨도 쓰고, 일본의 시조인 하이쿠로 자신의 생각을 아름답게 표현했다. 교회에 행사가 있으면 글을 써 주었다.

옆 아파트에는 우리 교회 단기 선교사인 영국 신사 마이클 벤슨이 살고 있었다. 그도 나이가 70이라 서로 의지하며 친하게 지냈다. 마이클은 영어로, 누마타 할머니는 일어로 대화하면서도 전혀 불편함 없이 소통하고 어울려서 주위 사람들을 웃게 했다.

누마타 할머니는 몸이 불편해 나의 아내가 교회로 모시고 다녔다. 그런데도 전도에 열심이라 셀 모임이나 예배에 아는 사람들을 초대했다. 할머니 댁에서 모임을 가지면 따뜻한 녹차를 내려 주셨다. 맛도 맛이지만, 고향집에 온 것처럼 유난히 편안했다.

할머니는 더 이상 혼자 사실 수 없자 삿포로 근교 메구미노 케어 서포트라는 요양병원에 입원하게 되었다. 우리가 방문하자 누마타 할머니가 내 손을 잡고 부탁했다.

"센세……"

일본에선 목사를 선생이라고 많이 부른다.

"크리스마스랑 부활절에 교회에서 이곳에 와 음악회를 열어 주든지 뭐든지 해주세요. 그러면 여기서 죽기만 기다리는 사람들한테 전도할 수 있잖아요."

우리 교회는 이때부터 매년 부활절과 크리스마스에 이 요양병원을 방문해 할머니 할아버지들에게 선물을 하고 찬양도 불러 드렸다. 할머니는 하나님이 자신의 생명을 연장시켜 주시는 이유가 이곳 사람들에게 전도하라는 것이라고 확신하고 있었다. 우리가 병실을 방문하면 그곳 분들을 위해 기도와 전도를 부탁했다. 누마타 할머니가 요양병원에 머물렀던 10년 동안 환자뿐만 아니라 직원들까지 수백 명이 복음을 들었다. 할머니는 돌아가셨지만 우리 교회와 요양병원의 인연은 계속되어 이후로도 여러 번 방문 전도를 하러 갔다.

마지막 숨을 거두기까지 구령의 열정으로 뜨거웠던 누마타 할머니. 그 작은 몸에서 어떻게 그런 에너지가 뿜어져 나왔을까? 주님의 일은 젊고 건강한 사람만 하는 것이 아니라 병상에 누워서도 할 수 있다는 것을 할머니는 가르쳐 주셨다.

천국에 계신 우리 누마타 자매님, 아리가토우!

미카미 토시코 자매가 드디어 세례를 받게 되었다. 교회에 나온 지 10년 만의 일이었다. 딸 유카 자매의 간청으로 종종 교회 행사에 참여했으나 예배에는 나오지 않았던 그녀가 어느 날부터 주일예배에 나오더니 부인 셀 모임에도 열심히 참석했다. 근처에 사는 자매들의 수고와 사랑의 기도에 마음을 연 것이다.

부인 전도행사(앞줄 맨 오른쪽이 미카미 자매)

미카미 자매는 이혼하고 간호사로 일하면서 딸 유카를 키웠다. 유카 자매는 가스펠을 부르는 모임에 다니면서 기독교를 믿게 되었고, 우리 교회 청년부에 나오면서 세례를 받았다. 혼자 늙어 가는 엄마를 걱정하며 구원을 위해 기도해 온 유카 자매가 마침내 응답을 받은 것이다.

다리가 많이 불편한 미카미 자매에게는 한 가지 소원이 있었다.

"제 발로 걸어서 주일예배에 오고, 셀 모임에도 가는 것입니다."

나는 지금도 그녀의 소박한 소원이 이루어지길 기도하고 있다.

그녀는 일본의 고유 복장인 기모노를 다른 사람들에게 입혀 주는 것이 취미다. 요즘은 간편한 기모노도 있지만, 전통 기모노는 아주 비싸기도 하거니와 혼자 입기가 거의 불가능하다. 미카미 자매는 기모노를 여러 벌 가지고 있어 외국인들과 원하는 사람들에게 입혀 주고 사진도 찍어 주었다. 내 아내인 김숙일 선교사가 자주 그녀의 모델이 되어 주었다.

어느 날 아내가 그녀에게 물었다.

"미카미 자매님은 왜 짐을 왼손으로만 드나요? 그렇게 짐이 많으면 양손으로 드는 게 덜 힘들 텐데요."

미카미 자매는 수줍은 듯 손으로 입을 가리고 웃으며 말했다.

"오른손은 늘 주님과 잡고 다닌답니다."

세상에! 이런 아름다운 신앙고백을 들어 본 적이 있는지. 다리가 불편하고 혼자 사는 그녀를 밤이나 낮이나 아플 때나 외로울 때 붙들어 줄 분은 오직 예수님 한 분뿐이었다. 오래 망설이다가 예수님을 영접한 미카미 자매의 마음속엔 어느새 이토록 심지 굳은 믿음이 자리 잡고 있었다.

"이는 나 여호와 너의 하나님이 네 오른손을 붙들고 네게 이르기를 두려워하지 말라. 내가 너를 도우리라 할 것임이니라"(사 41:13).

앗, 타카시가 웃고 있어요

타카시의 엄마가 그를 데리고 처음 목양실에 들어왔을 때, 그는 나이에 비해 앳되고 체구도 왜소했다. 누구라도 금세 알아차릴 만큼 정신장애가 있어 보였다. 그는 시종 무릎을 떨었다. 그는 일부러 눈을 마주치지 않으려는 듯 내내 발밑을 응시할 뿐 고개를 들지 않았다.

그보다 며칠 전, 타카시의 엄마가 쿠로야나기 마리 자매의 미용실에 들렀을 때 주님은 그녀를 기다리고 계셨다. 그녀는 마리 자매에게 머리 손질을 맡기면서 아들 걱정을 했다.

"타카시가 어린 시절부터 학교에서 이지메를 당하고 사람을 두려워했어요. 스물여섯 살이 되도록 아무것도 하지 않고 집에만 틀어박혀 있지요. 몸이 아프면 병원에 가면 되지만, 이렇게 정신적 고통을 겪으면서 삶의 의미도 보람도 없이 죽기만 기다리는 아들을 볼 때마다 너무 불쌍해서……. 타카시의 아버지는 아동상담소에서 일해요.

그러면서도 정작 우리 아들은 도울 수 없다는 게 너무 괴롭습니다. 요즘은 더 걱정스러워요. 타카시가 칼을 갖고 다니기 시작했어요. 언제 자살할지 몰라 온 식구가 초긴장 상태입니다."

한숨과 탄식으로 가득한 타카시 엄마의 하소연을 들으며 마리 자매는 자신의 이야기를 해주었다. 죽음을 생각하며 절망 속에 살던 자기가 어떻게 예수님을 믿고 변화되었으며, 얼마나 기쁘고 평안한 마음으로 살아가는지를.

마리 자매의 말에 힘을 얻은 타카시 엄마는 오직 자식을 위해 교회에 나가기로 결심하고 아들과 함께 그날 나를 찾아온 것이다.

"타카시 군, 운동 좋아하나?"

나는 될 수 있는 한 일상적인 이야기로 대화를 시작했다.

"응."

타카시는 고개도 들지 않고 짧게 대답했다.

"무슨 운동 좋아하나?"

"탁구."

탁구라면 누구하고도 잘 놀아 줄 자신이 있는 나였다. 마침 교회에 선물로 들어온 좋은 탁구대가 있었다. 시간이 날 때마다 나는 타카시와 탁구를 쳤다. 타카시는 땀을 뻘뻘 흘리면서도 도무지 그만둘 기색이 없었다.

어느덧 그의 얼굴에 생기가 돌았다. 운동을 마치고 시원한 음료를 마시며 이야기를 나누는데 이전에 "응", "아니"로만 반복되던 그의 대답이 달라져 있었다. 한번 말을 시작하면 그칠 줄 몰랐고 놀라울 정도로 유창했다. 타카시는 교인들 앞에서도 더 이상 고개를 숙이지 않았고 물음에 주저함 없이 대답했다. 타카시의 변화는 가족에게 기쁨을 주었고, 복음이 그 가정에 전해지기 시작했다.

타카시 엄마는 아들이 계속 교회에 나가는 것이 놀라웠다. 처음엔 아들을 위해 교회에 나왔지만, 아들의 변화와 함께 자신도 예배를 드리면서 마음에 평안이 찾아들고 삶의 의욕이 살아나는 것 같다고 했다. 그녀는 성경공부 모임에 참석하고 아침마다 말씀을 읽었다.

타카시 엄마가 세례를 받겠다고 결심한 뒤로, 교회 앞까지만 아내와 아들을 차로 데려다주고 가 버리던 남편도 예배에 참석하기 시작했다. 이어서 두 딸과 타카시의 남동생까지 교회에 다니게 되었다. 타카시 부모님은 모두 세례를 받았고 교회의 중심 멤버가 되었다.

타카시도 교회에서 조금씩 자기 자리를 찾아갔다. 교인들이 가장 놀라는 것이 있었다.

"앗, 타카시 군이 웃고 있어. 정말 멋지다!"

"저렇게 잘생긴 얼굴이었던가? 미처 몰랐네."

눈도 마주치지 않던 타카시가 멋진 미소를 우리에게 자주 보이기 시작했다.

한 영혼이 구원받는 과정은 한 편의 드라마를 보는 것 같다. 선교사로서 그 드라마의 한 배역을 감당할 수 있다는 것이 나에게는 놀라운 하나님의 은혜다. 마음에 상처 입고 병든 사람이 구원이라는 여정에 함께할 때 더욱 실감하게 된다.

이와사키 형제는 젊은 시절 국가공무원에 합격해 줄곧 우체국에서 근무한 40대 중반의 남성이다. 그는 여호와의증인에 빠져 9년 정도 활동하며 세례를 받으려던 차에 심한 정신발작을 일으켜 병원에 실려 갔다. 과도한 정신적 세뇌가 원인이었다. 그날 이후로 그는 오랫동안 정신병원에 입원해야 했고, 부모마저 그를 버리고 떠났다.

그는 같이 입원해 있던 사다요시 씨의 소개로 나를 만나게 되었다. 사다요시 씨는 이전부터 나와 친분이 있었다. 달리 아는 사람이 없던 이와사키 형제는 외출 기회가 생길 때면 사다요시 씨를 따라 우리 교회에 왔다. 나는 두 사람과 함께 레스토랑에 가서 식사도 하고 산책도 하고 커피숍에도 갔다. 그것이 이와사키 형제에게는 유일한 위안거리가 되었나 보다.

이와사키 형제는 어느덧 조금씩 좋아져 주일예배에 참석이 가능하게 되었다. 그는 기독교에 진리가 있고 거기서 구원을 선물로 받을 수 있다는 것을 깨달았다. 우리와 교제한 지 2년쯤 지나 병마로부터 많이 자유롭게 되었을 때 이와사키 형제는 세례를 받았다. 세례식에서 그는 유난히 초롱초롱한 눈으로 "아멘"을 외쳤다.

이와사키 형제는 나를 만나러 오지 못할 때는 우리집에 전화를 걸어 자신의 하루 일과를 소소한 것까지 나누고 기도를 부탁했다. 그는 우리 아들 성진이를 유난히 좋아했다. 성진이가 그의 이야기를 잘 들어 주었기 때문이다. 성진이가 미국에서 공부할 땐 정기적으로 편지를 보내고 답장을 기다렸다. 우리 아들은 자기 자신도 어려움을 겪으면서도 고통 가운데 있는 다른 형제들을 외면하지 않고 따뜻한 손을 내밀어 주었다. 아버지로서 참 장하고 고마웠다.

이와사키 형제는 병세가 좋아지다가 나빠지다가 하면서 입퇴원을 반복했다. 그러나 병원 안에서도 전도를 쉬지 않았고, 그의 전도로 구원받고 세례 받은 사람이 여럿이다.

정신질환은 참으로 힘든 병이다. 본인뿐만 아니라 곁에 있는 가족도 고통스럽다. 고통이 오래 지속되면 가족도 견디지 못하고 떠나 버린다. 그러나 사랑 많으신 우리 하나님은 결코 떠나지 않으신다. 우리를 그 넓은 품에 안으시고 돌보시니 얼마나 다행이며 감사한가.

일본 선교사로 일하며 나름대로 애썼다고는 하지만, 사실 내가 일본 성도에게 받은 위로와 격려, 사랑이 너무나 크다. 그중에 특별히 나를 전적으로 믿고 사랑해 준 이와사키 형제, 그 여리고 사랑 많은 마음에 주님의 치유하심이 함께하길 늘 기도한다.

히키코모리, 그 아픔의 강을 건너며

미에코 자매가 우리 교회에 나오게 된 것은 장남이 히키코모리(은둔형 외톨이: 사회생활을 거부하고 장기간 집안에만 틀어박혀 있는 사람이나 그런 상태)였기 때문이다. 다른 두 아들은 건강하고, 남편도 좋은 직장에 다녀서 경제적으로나 사회적으로 별 어려움이 없는 집이었다. 부부의 인격도 모두 훌륭했다. 유독 큰아들만 문제가 있으니 어쩔 줄 몰라했다.

'우리가 완벽한 부모가 되지 못해서 그런가?'

미에코 자매는 자책했고 아들을 원망도 했지만 답이 없었다. 전도를 통해 우리 교회에 나오게 된 미에코 자매는 예수님께 의지하며 세례를 받았다. 남편도 마음을 열고 종종 교회의 여러 행사에 참석했다. 우리는 모두 미에코 자매의 큰아들을 위해 기도했다. 성도 중 몇몇은 그가 히키코모리 생활을 끝내고 밖으로 나올 수 있도록 개인적으로 만나 대화를 하고 예수님도 전했다. 그러나 모든 노력에도 불구하고 그는 그만 아프게도 세상을 떠나고 말았다.

카토우 자매의 아들 역시 히키코모리로 있다가 비슷한 시기에 스스로 생을 마감했다. 말수가 적고 차분했던 카토우 자매는 아들의 소식을 전하며 오열했다. 자살한 아이들의 부모가 느끼는 자책감과 아픔은 같은 일을 겪어 보지 않고서는 온전히 공감할 수 없을 만큼 크다. 우리 교회에도 히키코모리 문제를 가진 청년과 가정이 많이 왔지만, 그중에서도 위의 두 경우는 정말이지 가슴 아팠다.

어떤 말로 위로할 수 있겠는가? 우리는 같이 슬퍼하고 같이 울었다. 그들은 모두 신실한 기독교인이었다. 간절하게 기도했는데 왜 낫게 하지 않으시고, 비극을 막지 않으셨냐고 하나님께 원망하는 마음이 들기도 했다. 위로되는 것이 하나 있다면, 그들이 세상을 떠나기 전에 예수님을 알았다는 것, 우리는 이것으로 서로를 보듬었다.

일본 사회에서 은둔형 외톨이라고 하는 히키코모리 문제는 심각하다. 히키코모리의 특징은 거의 하루 종일 자기 방에서 나오지 않는 것이다. 학교나 사회에서 여러 인간관계 문제로 상처를 받고 일종의 자기방어 수단으로 사람들을 의도적으로 피한다. 심한 경우, 가족과도 말을 섞지 않는다. 가족이 함께 살면 식사 문제라도 해결되지만, 혼자 사는 경우에는 주먹밥 정도로 끼니를 때운다. 잠깐 주먹밥을 사러 편의점에 나가는 것이 유일한 외출이다.

일본의 히키코모리는 40대까지 포함해 100만 명이 넘는다고 한다. 돌보던 부모가 80세가 넘어가고 히키코모리가 50세가 되면 부양이 어려워 문제는 더욱 커진다. 이를 '8050 문제'라고 부르는데, 부모와 자식이 다 같이 사회로부터 고립되어 공멸하게 된다.

일본은 거대한 집단주의 사회다. 개개인이 고립되기 쉬우며 종종 심각한 외로움과 무력감을 경험한다. 많은 사람들이 남들과는 다르다는 이유로 존재 자체를 무시당하고 따돌림 받을지 모른다는 불안감을 안고 살아간다. 가족마저 해체되는 가운데 친밀한 관계를 통한 용서와 사랑에 메마른 사람들은 점점 병이 깊어지는 것 같다.

교회는 이런 사람들에게 무조건적인 용납과 안식의 장이 되어야 한다. 세상에서 버림받은 사람들이 교회에서도 버림받아서는 안 된다. 교회는 그들이 안심하고 마음을 열고 고통을 나누며 예수님의 구원과 사랑 안에서 회복되고 강해질 수 있는 장소가 되어야 한다.

우리 교회가 최선을 다해 이런 원칙을 지켜 나가자 하나님이 세상에서 무시당하는 어린아이들과 따돌림 당하는 약한 지체들을 많이 보내 주셨다. 이지메로 학교를 졸업하지 못한 청년들과 정신질환으로 고통을 겪는 사람들, 청각장애인들, 히키코모리를 둔 가슴 아픈 부모 등.

우리는 가능한 한 교회를 개방해 그들과 함께 예배하고 식사하고 차를 마시고 운동을 했다. 예배 시간에 어슬렁어슬렁 돌아다니는 사람도 있어 방해가 되고, 매주 점심식사를 준비하기도 힘들었다. 하지

소외되고 외로운 사람들과 교회 사이에 다리가 되어 준 수요 카페

만 주님 안에서 함께 먹고 마시고 대화하는 가운데 우리는 가족이 되었다.

"실수해도 괜찮습니다. 다시 하면 돼요."

"부족하면 어떤가요? 우리 같이 합시다."

"잘못을 저질렀나요? 다시 그렇게 되지 않도록 함께 노력합시다. 하나님께서 용서해 주실 거예요."

예의 바르고 빈틈없고 완벽을 요구하는 일본 사회에서 많이 모자라도 용납되고, 실수해도 용서받는 공동체가 되려고 우리 교회는 노력했다.

하나님 안에서 그들의 심령이 조금씩 강건해지는 것을 보며 다른 교인들도 은혜를 받았다. 더욱 놀랍게도, 결코 교회에 발 들여 놓을 일이 없을 그들의 가족들도 함께 예수님을 믿는 역사가 일어났다. 버림받은 약한 자들을 통해 건강한 자들이 새 삶을 찾는 것을 보며 교회야말로 이 세상에 구원과 소망을 전할 구명정임을 다시 한번 깨달았다.

우리는 마음과 정신의 문제를 가진 사람들을 돕기 위해 여러모로 고민했다. 마침 기독교 상담학을 공부한 박선 선교사가 사역팀에 들어오면서 활동은 더욱 구체화되었다. 박 선교사는 연약한 성도들을 개인 상담으로 도왔고, '수요 카페'를 열어 소외되고 외로운 사람들이 교회 안으로 들어오도록 했다.

시간은 걸렸지만 이 사역은 많은 열매를 거두었다. 사역이 중요해질수록 더 많은 일꾼이 필요해졌다. 교회에서 이 사역에 자원하는 마음이 있고 소질이 있는 사람들을 모아, 준 전문상담가로 키워 내는 PCM(People Care Ministry) 사역을 시작했다. YWAM의 전문상담가이자 의사인 김준 형제가 네 번에 걸쳐 세미나를 주관했고, 약 20여 명이 이 훈련 과정을 수료했다. 거대한 성공신화와 물질만능의 그늘에서 마음의 병을 앓는 100만 명의 젊은이들이 예수님의 진정한 사랑으로 회복되기 위해선 더 많은 기독교 사역자들이 이 일에 헌신해야 할 것이다.

히키코모리였던 아들을 먼저 떠나 보낸 미에코와 카토우 자매 이야기로 돌아가야겠다. 사랑하는 자녀를 잃는 큰 슬픔을 겪으면서도 두 자매는 속절없이 무너지지 않았다. 자기 아이처럼 함께 아파하는 교회와 사람들을 위해 적극적으로 움직였다. 특히 미에코 자매는 교회의 카페 사역에 헌신적으로 봉사했다. 매주 맛있는 음식이나 디저트를 만들어 낮에 갈 데가 없어 교회 카페로 찾아오는 사람들을 대접하고 그들의 친구가 되어 주었다. 자식 잃은 슬픔을 무엇으로도 달랠 수 없겠지만, 두 사람은 더 연약한 사람들을 도우며 그 슬픔의 강을 건너고 있었다.

복음의 손

삿포로 국제그리스도교회에는 언제부턴가 귀가 안 들리고 말을 못 하는 사람들이 출석하기 시작했다. 수화 통역을 하는 쇼지 히카리 자매가 우리 교회에 출석한 다음부터였다.

히카리 자매의 어머니는 예전에 탄광업으로 유명했던 홋카이도 미카사라는 곳에서 선교사들이 전하는 복음을 듣고 기독교인이 되었다. 히카리 자매도 어머니의 신앙을 따라 신실한 교인으로 살아가던 중 점점 한쪽 귀가 안 들리게 되었다. 하나님을 잘 믿고 남을 도우며 착하게 살아온 그녀는 이런 고통을 주신 하나님을 이해할 수 없었다. 그러던 어느 날 말씀을 묵상하다가 하나님께서 이런 마음을 주시는 것을 깨달았다.

'너는 한쪽 남은 청각으로도 충분히 잘 들을 수 있으니, 귀가 전혀 들리지 않는 사람들을 위해 말씀을 전하는 것은 어떻겠니?'

수화를 가르치고 있는 히카리 자매

히카리 자매는 그때부터 수화를 열심히 배웠다. 그녀는 육체의 가시로 인해 자신보다 더 고통스런 사람들을 위해 봉사하는 삶을 택했다. 그녀의 수화 실력은 천재적이라 할 만큼 훌륭했다.

우리 교회에 유능한 수화 통역 전문가가 있다는 소문이 나자 여기 저기서 말씀에 갈급한 청각장애인들이 몰려왔다. 히카리 자매는 우리 교회뿐만 아니라 홋카이도 전역에서 큰 행사가 있으면 어디든지 달려가 청각장애인들을 위해 수화 통역을 맡았다. 그녀는 말씀을 수화로 통역하는 것을 넘어 청각장애인들의 일상을 돌보고 상담하는 데까지 사역을 넓혀 갔다. 우리 교회는 히카리 자매의 사역을 돕기 위해 '복음의 손'(후쿠잉노 테)이라는 조직을 만들었다. 이는 삿포로와 홋카이도에 사는 청각장애인들에게 큰 격려가 되었다.

교회에서 청각장애인 사역을 하기란 쉬운 일이 아니었다. 나도 주일설교 원고를 부지런히 작성해 토요일에 최대한 일찍 수화 통역사에게 보내야 했고, 히카리 자매도 그 원고를 받아 미리 읽고 통역을 준비해야 했다. 수화 통역사는 설교뿐만 아니라 예배 전체를 다 통역해야 했기에 혼자 계속하기는 무리였다. 히카리 자매는 제자를 많이 양성해 돌아가며 이 일을 감당했다.

교회에 청각장애인들이 많아지면서 그들을 위한 목회도 필요했다. 나는 수화를 못하기 때문에 중간에서 히카리 자매가 많은 역할을 해주었다. 개인적인 질문이나 상담은 팩스를 이용했다. 나중에는 그들과 말없이 눈빛과 몸짓만으로도 마음을 나눌 수 있었다. 서로 신뢰하고 사랑하는 마음이 있기에 가능한 대화였다.

부부가 모두 청각장애가 있는 사토 씨 가정에 예쁜 딸이 태어났다. 사토 씨 부부는 청력이 살아 있는 딸아이가 정상적으로 자랄 수 있도록 애를 많이 쓰고 기도도 열심히 했다. 우리 교우들 모두가 사토 씨 가족을 응원했다. 집에서는 아이가 말을 배울 수 없었지만, 교회에 오면 성도들이 번갈아 가며 아이에게 말을 걸고 말하기를 가르쳤다.

우리 교회는 연약하고 부족해도 주님 안에서 성도 간의 사랑은 풍족했다. 부족한 내가 히카리 자매 덕분에 청각장애인들의 어려움을 알게 되었고, 조금이나마 섬길 기회를 가져서 지금도 감사하다.

수화 통역사 쇼지 히카리 자매의 아버지 칸바라 씨는 세상에선 성공한 사람일지 모르나 교회에 나가는 아내와 딸을 핍박했다. 히카리 자매와 어머니는 그런 칸바라 씨의 구원을 위해 늘 기도했다.

어느 날 병이 들어 입원을 한 칸바라 씨는 더 이상 치료가 불가능하다는 의사의 진단을 받았다. 히카리 자매는 정성으로 아버지를 간병했다. 히카리 자매의 어머니는 연세가 많고 거동이 힘들어 요양병원에 입원해 있는 상황이었다. 각각 다른 병원에 입원한 아버지와 어머니를 왔다갔다하며 간병하느라 몹시 피곤한 상태에서도 히카리 자매는 기쁘게 수화 통역 사역에 헌신했다.

나는 여러 번 히카리 자매의 아버지를 방문해 복음을 전했다. 결국 그는 눈물을 흘리며 예수님을 구주로 영접했다. 며칠 후, 본인과 가족의 뜻에 따라 병상 세례를 받았다. 다른 병원에 입원해 있던 히카리 자매의 어머니가 힘들게 와서 남편의 손을 잡아 주었다. 평생 기도해 온 남편의 구원이 이루어지는 순간이었다. 아내와 딸의 눈물 속에서 칸바라 씨는 성도가 되었다.

세례를 받은 지 12일이 지난 후, 칸바라 씨는 82세로 하나님의 품에 안겼다. 히카리 자매가 임종을 지켰다. 칸바라 씨는 숨을 거두기 직전, 위를 바라보며 누군가가 자기를 데리러왔다며 기쁘고 행복하게 눈을 감았다고 한다.

임종 후, 그의 옷에서 성경 말씀이 적힌 크리스마스 카드가 나왔다. 딸 히카리 자매가 아버지에게 보낸 것이었다. 칸바라 성도는 마지

다른 병원에 입원해 있던 히카리 자매의 어머니가 힘들게 찾아와 남편의 손을 잡아 주었다. 평생 기도해 온 남편의 구원이 이루어지는 감격의 순간이었다.

막 순간까지 그것을 품에 간직하고 있었다. 히카리 자매는 아버지가 진실로 하나님을 믿었다며 또 한번 감사의 눈물을 흘렸다.

삿포로 국제그리스도교회의 품으로 들어왔던 그 작고, 아름답고, 주님 안에서 의미가 충만해진 나의 사랑하는 성도들이자 내 인생의 스승들을 나는 지금도 기억하고 축복한다. 그들 덕분에 나는 살아 계신 하나님을 더 많이, 더 자주 체험할 수 있었다.

7부 / 삿포로의 빛나는 십자가

"이렇게 눈을 치워야 사람들이 지나가면서 좋아합니다."

정원사인 아카이 형제는 봄부터 가을까진 교회 정원을 아름답게 가꾸고, 겨울이면 눈을 치우며 거의 예술적이라고 할 만큼 멋지고 단정하게 눈을 쌓아 올렸다.

"교회가 보기 좋아야 전도도 잘되지요."

자그마한 아카이 형제는 상냥하고 겸손했다. 한때 교회를 떠난 적이 있었지만 회심 후, 그는 신실한 주님의 성도가 되었다. 그는 가난한 교우들과 유학생들에게 자신의 것을 아낌없이 나눠 주었다.

우리 교회 옥상에 십자가를 세우는 날이었다. 이 일은 아카이 형제가 맡았다.

"한국에 갔을 때 밤이면 빛나던 십자가가 정말 감동적이었습니다. 언젠가 우리 교회에 십자가를 세운다면 그 일만큼은 제 손으로 하고 싶습니다."

일본 예배당은 불이 들어오는 십자가를 잘 세우지 않는다.

연로한 아카이 형제는 2미터가 넘는 십자가를 세우기 위해 옥상에 올랐다. 그날 밤, 삿포로 서11정목 큰 길가 예배당 건물 위에 십자가가 환하게 불을 밝혔다.

"앗, 저기 교회가 있네."

오고가는 사람들이 무심코 하늘을 보다가 말했다. 밤새 빛나는 십자가는 사랑하는 자녀들을 향한 주님의 부르심이었다.

"나는 지금 여기서 너희들을 기다리고 있단다. 세상 끝날까지……."

두 번째 기도제목

주일예배가 활기를 띠고 성도들이 하나둘 늘어 어느덧 예배당이 가득 차게 되었다. 교회에 젊은이들과 다양한 배경의 사람들이 모이는 특성을 고려해 우리는 찬양에 좀 더 신경을 썼다.

곧 찬양팀이 결성되었다. 츠츠미 자매와 쇼지 형제, 그리고 한국에서 온 조을희 협력 선교사가 큰 힘이 되어 주었다. 츠츠미 자매는 의사 남편을 둔 전업주부였고, 쇼지 형제는 홋카이도대학에 다닐 때 우리 교회에서 개설한 영어 교실에 참석한 것을 계기로 세례를 받고 교인이 되었다. 쇼지 형제는 후에 신학교에 들어갔고, 잠시 우리 교회의 전도사로 있다가 이웃 교회의 목사가 되었다.

그들을 중심으로 반주자들을 훈련시키고 세우니 청년들이 찬양팀에 계속 들어왔다. 찬양팀은 좋은 찬양이 있으면 주일예배뿐 아니라 셀 모임, 기도회에서도 불렀다. 영감 있는 찬양을 통해 더욱 뜨겁게 예배를 드릴 수 있었다. 나는 정기적으로 찬양 인도자를 포함한 예배 인도자와 봉사자들을 위한 예배 세미나를 가졌다.

함께 찬양하고 기도하며 말씀이 선포되는 가운데 우리가 처음 삿포로 국제그리스도교회에 부임했을 때 20여 명이 모이던 예배는 어느덧 100명이 넘어서고 있었다.

우리 교회는 3층짜리 코바야시 빌딩의 2층 전체를 빌려 쓰고 있었다. 성도들이 늘면서 예배당은 포화상태가 되었다. 주일이면 예배당은 성도들로 꽉 찼고, 아이들은 옆에 있는 소파에서 뛰어놀았다. 사람들이 더 들어올 곳도 없고 의자도 부족했다. 뒤에 붙어 있는 주방에선 점심식사를 준비하느라 음식 냄새가 예배당을 가득 채웠다. 우리는 첫 사역지 톤덴 교회에서 그랬던 것처럼 다시 예배 장소 마련을 위해 기도해야 했다.

처음 이 교회에 부임했을 때 우리 부부에게는 두 가지 기도제목이 있었다. 첫째는 평신도 리더들을 세워 교회가 든든하게 자라는 것, 둘째는 공간에 비해 우리돈 약 450만 원이라는 비싼 월세를 내고 있는 문제를 해결하는 것이었다. 교회가 생기고 10년 동안 교회 예산의 거의 전부가 월세와 광열비로 들어가니 저축된 돈은 전혀 없었다.

월세가 낮은 삿포로 외곽으로 옮기는 것도 상의해 봤으나 우리가 목표로 하는 도시선교와 청년선교가 어려워질 수 있었다. 기도할수록 시내에 머무는 것이 옳다는 확신이 들었다. 그러나 시내 중심지에서 지금보다 더 넓은 장소를 싼값에 얻는 일은 불가능했다.

일단 제자훈련을 통해 리더들이 세워지고 있으니 첫 번째 기도제목은 응답을 받았다. 이제 두 번째 기도제목이 응답될 차례였다. 사실 이 문제를 놓고 우리 부부가 1999년 1월 초 기도했을 때, 하나님께서 지금 세 들어 있는 건물을 주실 것 같다는 마음을 주셨다. 그러나 삿포로에서 가장 비싼 땅에 세워진 3층 빌딩을 저축한 돈 한푼 없는 우리 교회가 무슨 수로 살 수 있겠는가?

그러나 이상한 일이었다. 기도할수록 확신이 왔다. 우리 부부는 일단 건물 주인을 찾아갔다. 마침 새해도 되어 인사를 나누다가 혹시 건물을 팔 계획이 있느냐고 물었다. 주인은 단호했다.

"안 팝니다. 이 건물은 집안 대대로 내려오는 유산이라 절대로 팔 수 없습니다."

아내와 나는 돌아오는 길에 하나님께 여쭤 보았다.

"건물 주인이 안 판답니다. 어떻게 주실 거지요?"

실망한 게 아니었다. 주님이 어떻게 주실지 그 방법이 궁금했을 뿐이다.

건물 주인을 방문하고 일주일 정도가 지났을까? 삿포로 법원에서 우리를 찾아왔다. 건물이 경매에 넘어갔다는 것이다. 법원 공무원은 우리에게 월세가 얼마인지, 주인이 바뀌면 이곳을 사용하지 못할 수 있으며 계속 여기 있고 싶은지 등등을 물었다. 우리는 예상치 못한 상황 전개에 입을 다물지 못했다.

'아, 하나님이 이 건물을 경매로 주시려나 보다!'

나중에 알게 되었지만, 건물주의 딸이 부동산 사업을 하다 파산을 했다고 한다. 게다가 사업 과정에서 우리 교회가 세들어 있던 건물을 담보로 융자를 받은 것이다. 건물 주인은 세입자들이 경매 사실을 알면 불안해서 미리 나갈까 봐 비밀에 붙이고 있었다.

교회 안에 건축위원회가 급히 결성되었다. 아직 손에 잡히는 것은 없지만 하나님께서 이 건물을 주실 거라는 믿음이 구체화되기 시작했다. 온 교인이 합심기도에 들어갔다. 경매에 참여하는 것을 반대하는 사람은 없었지만, 은행에서 많은 돈을 대출 받으면 그만큼 교회에 부담이 되는 것을 염려하는 사람들은 있었다.

선교사들은 안식년과 사역지 변경 문제로 4년을 주기로 교체되는 일이 많았다. 교인들은 우리 부부가 이 일을 벌여 놓고 도중에 떠나 버리면 어떡하나 은근히 걱정했다. 우리는 OMF 리더들과 이 문제를 상의했고, 은행 대출금을 모두 상환할 때까지 우리 부부가 교회를 떠나지 않기를 주님이 원하신다는 확신을 함께 나누었다.

"은행 대출금을 모두 상환할 때까지 저희가 끝까지 남아 책임지겠습니다."

이 한마디에 교인들은 안심하고 우리의 리더십을 신뢰해 주었다.

교인들은 이런 기회가 다시 오기 힘들다는 것을 알고 있었다. 문제는 재정이었다. 교인들은 힘을 모으기 시작했다. 한 달 만에 약 1천만 엔(우리돈 약 1억 1천만 원)이라는 거금이 모였다. 기적에 가까운 일이었다. 교우들 중에는 부자가 없었다. 대부분 주부나 학생, 그리고 교회에 나온 지 얼마 안 되는 분들로 다들 빠듯하게 살아갔다.

나는 한 가지 기준을 세웠다. 아무리 힘들어도 이 문제는 우리 교인과 교회가 힘을 모아 책임지고 해결한다는 것이었다. 그래서 한국 교회에 기도는 요청해도 모금은 하지 않기로 했다. 우리 교인들도 그런 각오가 되어 있었다. OMF와 우리 교회가 속해 있는 일본복음그리스도연합(JECA)에서도 무이자로 돈을 빌려 주었다.

경매일은 그해 7월 14일이었다. 최저 경매 낙찰가는 4,500만 엔으로 결정되었다. 우리는 다른 사람이 경매에 참여할 것을 고려해 5,199만 엔으로 경매에 참여했다. 원래 가격은 약 1억 2천만 엔, 우리 돈 13억 원이었다. 낙찰이 되면 우리는 시세의 절반이 안 되는 금액으로 시내 중심지에 예배당을 갖게 되는 것이었다.

문제는 여전히 남아 있었다. 낙찰을 받아도 모자란 돈과 리모델링 비용 3,500만 엔을 은행에서 빌려야 했다. 대출은 OMF의 보증이 필요했다. 하지만 OMF는 원칙상 돈을 절대로 꾸지 않는다는 방침을 100년 이상 지켜 온 단체였다. 필드 디렉터인 존 테일러가 우리 교회를 방문해 건축위원회 모임에 참석했다. 그는 이 자리에서 건물을 사고자 하는 우리 교인들의 열의에 감동을 받았다.

"제 집을 담보로 대출을 받아도 됩니다."

시내 중심가에 있는 삿포로 국제그리스도교회

교인들이 적극적으로 나오자 존 테일러는 우리 교회를 돕기로 약속했다.

보증을 서고 은행에서 돈을 빌리는 것은 단체의 오래된 규약을 바꿔야 하는 문제였기에 일본 전역의 OMF 선교사들에게 공문을 보냈다. 다행히 모든 선교사들이 이에 동의를 해주었다. 이 일은 OMF 일본 선교 역사에 중요한 결정이었다. 이후로 OMF는 꼭 필요할 때는 은행 대출을 받았고 그로 인해 많은 유익을 얻었다.

한 달간 경매가가 공시되었다. 교인들은 하나가 되어 기도했다. 우리 부부는 물론 교인인 타케다 부부도 새벽예배를 드리고 집으로 돌아가기 전에 건물 주변을 한 바퀴씩 돌며 하나님께서 이 건물을 주시기를 기도했다.

가끔 조직폭력배 분위기를 풍기는 건장한 남자들이 건물을 기웃거렸다. 이런 경매에 조폭이 많이 개입한다는 말이 돌았다. 그런 골치 아픈 일에 말려들지 않으려면 단독 입찰이 가장 바람직했다.

드디어 7월 14일이 되었다.

"삿포로 국제그리스도교회 단독 입찰!"

우리는 모든 비용을 지불하고 8월 2일, 그 건물을 정식으로 소유하게 되었다. 하나님께서 1월에 주겠다고 약속하신 것을 7개월 만에 기적처럼 받게 된 것이다.

불행했으나 천국 복을 누린 사람

모든 일이 인간이 계획하고 실행한다고 해서 이루어지진 않는다. 계획은커녕 상상도 하기 어려웠던 예배당 구입이 하나님의 일하심으로 현실이 되었다. 20여 명이던 성도가 100여 명으로 늘고, 예배당까지 주시는 것을 보면서 우리는 하나님의 살아 계심과 응답하심에 다시 한번 놀라며 감사했다.

일본은 전도가 안 되는 힘든 나라라고 사람들은 말한다. 그러나 홋카이도 톤덴과 삿포로의 중심가에서 하나님은 살아 역사하고 계셨다.

이제 건물 전체를 교회가 쓰게 되었으니 밤 10시면 문을 잠그고 나가지 않아도 되고, 단기 선교팀이나 방문객이 머물 수 있는 숙소도 생겼다. 무엇보다 교인들의 장례식을 예배당에서 치를 수 있게 되었다. 일본 성도들에게 기독교 장례식은 참 중요하다. 건물이 우리 소유가 되자마자 제일 먼저 치른 것도 장례식이었다.

교인 가운데 나라라는 분이 있었다. 나이가 70세가 되지 않았지만 바싹 여윈 몸에 다섯 가지 병으로 고생하는 형제였다. 그는 아픈 덕분에 예수님을 믿게 되었다고 늘 감사했다. 젊을 때 방황을 많이 하고 이혼도 해서 자녀들이 있어도 거의 교류가 없었다. 홀로 정부의 도움을 받으며 작은 아파트에 살고 있어 우리 교우들이 틈틈이 방문해 식사와 청소를 도왔다. 나라 형제는 몸 상태가 괜찮아지면 예배당 맨 앞자리에 앉아 예배를 드렸다. 그러다 병세가 위중해져 병원에 입원했다. 교회가 예배당 마련 문제로 기도하는 와중이었다. 나는 아내와 함께 이시카리에 있는 병원으로 문병을 갔다. 그는 거동도, 식사도 할 수 없는 상태였다. 그런데도 교회가 겪고 있는 문제를 위해 기도한다며 우리를 위로했다.

"걱정 마세요. 하나님께서 우리에게 가장 좋은 길을 허락하실 겁니다."

병원에 갈 때마다 우리 부부는 격려를 받고 돌아왔다.

임종을 맞는 순간, 나라 형제는 사그라드는 음성으로 내 귀에 대고 말했다.

"사람은……하나님을……찬양하기 위해……태어납니다."

마지막으로 힘을 모아 짜낸 한마디 한마디가 기쁨에 찬 신앙고백이었다. 그리고 그것은 우리가 들은 나라 형제의 마지막 목소리였다.

일본 교회에서는 교인이 세상을 떠나면 예배당에 시신을 모시고 장례식을 치른다. 나라 형제의 병세가 위중해졌을 때 교인들은 걱정했었다. 교회가 아직 경매 중인 건물에 있으면 나라 형제의 소원대로 장례식을 치를 수 없었다. 사무실 개념으로 교회의 공간을 빌려 쓰고 있었기 때문이다. 하나님을 사랑하고 예배를 몹시도 사모했던 나라 형제는 우리가 건물을 경매로 낙찰받은 바로 직후 눈을 감았다. 일부러 시간을 맞춘 듯 그는 소원대로 예배당에 마지막으로 와서 장례식을 치르고 주님의 품에 안겼다.

2박 3일간의 은혜로운 장례식이었다. 나라 형제를 잃은 슬픔을 함께하며 천국에서의 재회를 다짐하는 복된 시간이었다. 생전에 떨어져 지내던 나라 형제의 딸도 우리의 연락을 받고 장례식에 참석했다. 그녀도 교회 덕분에 아버지에 대한 좋은 추억을 갖게 되었다고 고마워했다. 나라 형제는 병들고 가족과 떨어져 살고 돈도 없었지만 마음만은 사랑으로 부유했다. 가난하고 애통하고 의에 주리고 목말랐던 그가 하나님을 만나 가장 복된 사람으로 변했다.

그는 누구보다 소중한 우리의 형제다.

십자가는 내 손으로

간단한 리모델링을 마치고 우리 가족은 미첼 선교사가 물려준 아파트에서 나와 교회 3층 안쪽, 건물 주인이 살던 공간으로 숙소를 옮겼다. 햇빛이 안 들어 어두컴컴하고 홋카이도의 겨울을 나기엔 너무도 추웠다. 하지만 우리가 머물던 아파트의 월세라도 아껴야 교회가 대출금을 갚는 데 조금이라도 부담을 덜 수 있었다.

건물의 2층 전체는 예배당으로 사용했다. 옆에 모자실을 두고 뒤에는 음향실과 통역실을 작게 만들었다. 1층은 다목적실로서 주일학교 교육관과 식당으로 사용했다. 3층의 절반은 교회 사무실과 목양실로 쓰고, 나머지 절반의 공간에서 우리 가족이 살았다. 우리를 파송한 한국의 모교회에서는 감사하게도 멋진 강대상을 선물로 보내 주었다.

삿포로를 관통하는 서11정목 큰 길가, 오랫동안 코바야시 빌딩이라고 불리던 건물은 정식으로 삿포로 국제그리스도교회라는 명패를 달았다. 이제 3층 건물 꼭대기에 십자가를 세우는 일만 남았다. 그 위험한 일을 이미 자원한 사람이 있었다.

아카이 형제는 초창기부터 우리 교회를 지켜 온 든든한 중심 멤버다. 그는 성실하고 솜씨 좋은 정원사이기도 하다. 한때 바쁜 사회생활 때문에 교회를 떠나기도 했지만, 두 자녀를 교회 유치원에 보내는 등 신앙을 완전히 버린 것은 아니었다. 그러다 아내가 암 선고를 받고 투병하면서 국제그리스도교회 선교사들의 도움으로 신앙을 회복했다. 이미 두 자녀는 우리 교회를 다니고 있었다. 안타깝게도 아카이 형제의 아내는 교회에 다시 나온 지 얼마 안 되어 소천했다.

60세에 홀로 된 아카이 형제는 이후로 오직 교회와 자녀들만을 위해 살았다. 그는 우리 교회 첫 번째 제자훈련 GT97 과정을 마친 리더였다. 아내를 잃고 나서 쓸데없는 생각에 빠지지 않으려고 늘 부지런히 일하는 아카이 형제는 봄부터 가을까지는 정원 일을, 겨울에는 눈 치우는 일을 했다. 우리 부부가 국제그리스도교회에 부임했을 때부터 나는 많은 것들을 그에게서 배웠다. 그중엔 '멋지게 눈 치우기' 기술도 있다.

삿포로의 겨울 하면 지금도 인상적인 풍경은 보통 1미터가 넘게 쌓이는 눈이다. 한번 눈이 오면 예배당 주변의 눈을 치우는 작업은 보통 큰 일이 아니다. 선교사부터 교인까지 여건이 되는 사람들은 다

모여서 눈을 치웠다.

눈을 어디다 버릴 데가 없으니 사람이 지나다니는 곳만 싹싹 쓸고 나머지 눈은 길가에 둑처럼 길게 쌓아 둔다. 계속 눈이 와서 자꾸 쌓이다 보면 그것이 벽처럼 높아져 사람 키를 넘는다. 맨 밑에 녹지 않고 몇 개월이고 얼어 있는 눈을 '네유키'(根雪)라고 하는데 이것도 긁어내야 한다. 가끔씩 정부에서 큰 트럭을 보내 눈을 가져가기도 하지만 개인이 업체를 불러서 치울 때도 있다. 그렇게 가져간 눈은 바다에 버린다고 한다.

홋카이도에서 제설작업에 책정하는 예산은 상상 이상이다. 삿포로 시는 서울보다 약간 작은 도시이지만 제설비로 우리돈 연간 2천억 원(215억 엔, 2019년 통계)이 소요된다. 제설차는 24시간 대기하고 있다. 그렇지 않으면 급작스런 눈에 도시 전체가 마비된다. 이곳에서 정치를 잘한다고 인정받는 사람은 일단 겨울에 눈 문제를 잘 해결하는 사람이다.

나는 군복무를 동부전선에서 했으니 삽 쓰는 건 자신 있었고, 톤덴 교회에서도 몇 년간 눈을 치운 경험이 있었지만 평생을 홋카이도에서 살아온 아카이 형제의 재주는 따라갈 수 없었다. 그는 정말 눈을 예술적으로 쌓았다. 위로 갈수록 둥글면서도 비스듬하고 판판하게……. 나도 그를 흉내내며 멋지게 쌓으려고 어지간히 애썼지만 헛힘만 쓸 뿐 그가 한 것처럼 잘 되지 않았다.

"센세, 이렇게 눈을 치워야 사람들이 지나가면서 좋아합니다. 보면서 기분이 좋아지면 이웃을 전도하는 데도 좋지요."

인내와 여유를 가지고 눈 치우는 법을 전수해 준 아카이 형제 덕분에 나는 진짜 홋카이도의 선교사로 다시 태어났다. 나중에는 다른 사람들에게 눈 쌓기를 가르쳐 줄 만큼 전문가가 되었다.

우리 교인들이 이전에 한국 교회를 방문했을 때 아카이 형제도 함께 갔었다. 그는 밤이 되면 불을 환하게 비추는 한국 교회의 십자가를 보고 감동을 받은 모양이었다. 일본 교회는 보통 작은 십자가를 달기는 하지만 밤에 불을 켜지는 않는다. 교회 건물을 구입하고 나서 그는 제일 먼저 이렇게 말했다.

"제 손으로 우리 교회에 십자가를 세우고 싶습니다."

우리는 흔쾌히 그에게 십자가 세우는 일을 맡겼다. 그는 밤에도 교회 십자가에 밝은 불이 들어와 주변을 비추도록 만들었다.

우리 교회 앞에는 삿포로의 남북을 가르는 큰 자동차 도로가 있다. 차를 타고 지나가다가 혹은 빨간불 앞에서 신호를 기다리는 차 안에서 사람들은 싫으나 좋으나 우리 교회의 십자가를 보게 된다.

'아, 저기 그리스도교회가 있군.'

어느 날인가는 다른 교회 교인이 전화를 걸어 왔다.

"삿포로의 중심 거리에 십자가를 세워 주셔서 정말 감사합니다. 지나다닐 때마다 신앙에 큰 격려를 받습니다."

기독교인이 워낙 적어 예배당을 찾기도 힘든 일본에서 아카이 형제가 세운 십자가의 빛이 밤마다 환하게 삿포로의 시내를 밝혀 준다. '여기 하나님의 교회가 있습니다'라고 소리치듯이.

아카이 형제가 철마다 아름답게 가꾸는 교회 정원은 지나가는 사람들의 발걸음을 멈춰 세운다. 그가 가지런히 쌓은 눈담을 보며 사람들은 기분 좋아한다. 그가 세운 십자가는 사람들에게 생명의 길이요 진리가 이곳에 있다고 알려 준다. 묵묵하고 신실하게 교회를 지키며 자기 할 일을 하는 아카이 형제에게 주님은 이렇게 말씀하실 것이다.

"내가 네 행위를 아노니 네가 작은 능력을 가지고서도 내 말을 지

"이렇게 눈을 치워야 사람들이 지나가면서 좋아합니다. 보면서 기분이 좋아지면 이웃을 전도하는 데도 좋지요."

키며 내 이름을 배반하지 아니하였도다"(계 3:8).

겨울밤 하얗게 얼어붙은 삿포로의 하얀 눈 위로 십자가가 빛난다. 일본인들의 마음이 예수님의 뜨거운 사랑으로 녹을 때까지.

가득 채우리라

새로 만든 목양실 책상에 앉으면 홋카이도대학 식물원의 우거진 숲이 눈앞에 훤히 보였다. 겨울엔 흰눈이, 봄엔 벚꽃이, 여름엔 싱그러운 초록숲이, 가을엔 단풍이, 그리고 그 위로는 이름 모를 새들이 날아다녔다. 사계절 변하는 아름다운 자연을 보노라면 마음과 정신이 다 맑아졌다.

교인들은 새로 마련한 예배당을 매일 쓸고 닦으며, 자기 집에 있는 귀한 물건들을 가져다가 예배당을 장식했다. 1층의 다목적실은 카페처럼 꾸몄는데, 쿠로야나기 마리 자매의 어머니가 영국에서 살 때 구입해 그동안 아껴 오던 아름다운 목재가구를 기증해 카운터 테이블로 쓰게 했다.

많은 이들의 헌신과 기도와 사랑으로 얻은 공간이었다. 우리는 감사한 동시에 무거운 책임감과 두려움을 느꼈다. 부족한 우리를 통해 하나님이 놀라운 계획으로 이 교회를 인도하고 계심을 경험했기 때문이다. 우리는 더욱 기도해야 했다.

교회 건물을 마련한 후, 2000년 봄부터 금요일 저녁에 리바이벌 기도회를 시작했다. 이젠 밤 10시가 넘어도, 철야를 해도 우리에게 나가란 말을 할 사람이 없었다. 새벽예배는 이미 시작했는데, 멀리 사는 성도나 젊은이들은 나오기가 어려웠다. 하지만 금요일 저녁은 보다 쉽게 참석할 수 있었다.

일본 교회는 새벽예배도 금요일 밤 기도회도 없다. 주일예배와 주중에 한 번 정도 성경공부 겸 기도회로 모일 뿐이다. 우리는 기도하는 일만큼은 한국식을 따르기로 했다.

사실 이 기도회는 나와 아내를 위한 것이었다. 영적으로 척박한 일본 땅에서 승리하려면 우리 부부부터 성령 충만함을 유지해야 했다.

매주 교회에는 새 신자들이 왔다. 그들은 여러 가지 문제를 안고 있었다. 교인들도 워낙 기독교인이 적은 일본 사회에서 생활하다 보니 영적 전쟁에 휘말릴 때가 많았다. 제자훈련을 받은 성도일지라도 머리로만 하나님을 아는 데서 벗어나 개인적 부흥을 경험하기 위해서는 금요일 밤 기도회가 꼭 필요했다.

금요기도회를 시작한 지 얼마 안 되었을 때였다. 기대하며 기도회를 시작했지만 참석하는 성도는 열 명도 안 되었다. 하루는 피곤에 지친 아내가 이런 의문을 가지고 잠이 들었다고 한다.

'우리의 기도가 얼마나 하나님을 기쁘게 하는지요? 과연 무슨 의미가 있나요?'

그 밤에 하나님은 아내에게 놀라운 꿈을 보여 주셨다. 예배당에 사람이 가득 찼고, 한 사람 한 사람 위에 성령이 강하게 임하시는 광경이었다. 아내는 기도회가 비록 미미하게 시작했지만 하나님이 크게 축복하시고 일본의 영적 부흥을 위해 사용하실 것이라는 확신을 가졌다.

예배당은 서서히 주님이 보내 주시는 성도들로 가득 들어찼다. 어린이와 청년들, 소외된 외국인들과 육체에 장애가 있는 사람들, 마음에 병이 든 사람들, 히키코모리와 그들을 돌보는 건강한 사람들, 인생의 의미를 찾는 구도자들 등. 그들이 삿포로 국제그리스도교회의 십자가 아래로 모이는 이유는 모두 달랐지만, 주님 안에서 변화되는 삶은 동일했다. 우리는 3층짜리 예배당을 주심에 감사했는데, 하나님은 아직 더 주실 것이 남아 있었다.

주차장도, 납골당도, 목사관까지

교회 건물을 구입하면 더 이상 문제가 없을 줄 알았지만 이번에는 주차가 말썽이었다. 우리 건물 옆에는 법적으로 차를 두 대, 임시로는 여섯 대 이상 주차할 수 없었다. 우리 교회의 특성상 멀리서 차를 가지고 오는 성도들이 많아 주일에는 근처 의류회사의 주차장을 빌려 주차 문제를 겨우 해결했지만 평일 모임에는 심각했다. 삿포로 시는 도심교통의 혼잡을 막기 위해 주차 규제를 더욱 강화해 조금이라도 위반하면 범칙금이 상당했다.

우리 교회 전도폭발팀과 함께 호주 시드니올림픽 전도를 마치고 돌아오니, 마침 교회 옆 낡은 병원 건물이 매물로 나왔다는 소식이 전해졌다. 3층 건물이지만 워낙 낡아 일단 건물부터 허물어야 하기 때문에 아주 낮은 가격에 나왔다고 했다. 언젠가는 우리가 이 건물을 사서 주차장으로 써야 할 것을 예상하고 기도는 하고 있었지만,

예배당 건물을 어렵게 마련한 지 일 년밖에 안 된 시점이었다.

"하나님, 돈도 없는데 이렇게 빨리 주차장을 주려고 하시면 어떻게 하나요?"

우리는 기도했다. 주님은 이사야서의 말씀으로 우리의 주저하는 마음을 버리게 하셨다.

"네 장막터를 넓히며 네 처소의 휘장을 아끼지 말고 널리 펴되 너의 줄을 길게 하며 너의 말뚝을 견고히 할지어다. 이는 네가 좌우로 퍼지며 네 자손은 열방을 얻으며 황폐한 성읍들을 사람 살 곳이 되게 할 것임이라. 두려워하지 말라. 네가 수치를 당하지 아니하리라. 놀라지 말라. 네가 부끄러움을 보지 아니하리라……"(사 54:2-4).

교인들과 모여 의논을 시작했다. 의외로 이 좋은 기회를 놓쳐서는 안 된다는 의견이 다수였다. 누군가 이곳을 사서 건물을 지어 버리면 우리 교회는 더 이상 주차 문제를 해결하기도, 교회를 더 넓히기도 불가능했다. 교우들은 곧 신도회를 열어 옆 건물과 토지를 매입해 주차장으로 사용할 것을 결의했다.

나는 부동산 중개인을 통해 집주인과 협상에 나섰다. 그들은 토지 값 3,600만 엔과 건물 해체 비용 600만 엔을 합쳐 4,200만 엔을 요구했다. 나는 건물 해체는 개인적으로 아는 전문회사에 맡기려는 생각이 있어, 해체 비용을 제외한 건물 토지 값 3,600만 엔만 지불하게 해달라고 제의했다. 중개인은 한참 고민하더니 집주인과 다시 상의하겠다며 돌아갔다.

며칠 후, 부동산 중개인으로부터 우리가 제시한 금액으로 계약을 하겠다는 연락이 왔다. 교회 운영위원들과 함께 계약서를 검토하다가 깜짝 놀랐다. 계약서에 건물과 토지는 3,000만 엔, 건물 해체 비용은 600만 엔으로 총 3,600만 엔이 적혀 있었다. 나의 부족한 일본어 때문에 부동산 중개인이 건물과 토지, 해체 비용까지 총 3,600만 엔으로 이해한 것이다. 결과적으로 우리는 건물이 깨끗하게 철거된 120평의 땅을 처음보다 훨씬 낮은 가격으로 매입할 수 있게 되었다.

더 놀라운 것은 시청에 등기를 하러 가서 보니 120평인 줄 알았던 땅이 등기부 등본에는 126평으로 되어 있었다. 우리는 건물 매매자를 찾아가 이 사실을 알렸다. 그는 아무렇지 않게 말했다.

"그냥 가지세요. 나도 50년 전 그 땅을 헐값으로 샀습니다."

여섯 평의 땅은 300만 엔, 우리돈 3,200만 원에 해당했다. 재정이 빠듯한 우리 교회의 입장에선 정말이지 큰 선물이었다. 사람의 실수와 착각까지 사용해 예배당과 주차장까지 한번에 해결해 주시는 우리 하나님의 유머였다.

이렇게 모든 것을 예비해 주시는 하나님은 과연 우리에게 어떤 사역을 맡기시려는 것일까? 나는 궁금했다.

얼마 후, 정부의 엄격한 주차 규제 정책이 발표되었다. 결론은 교회 건물 옆에는 (임시로 여섯 대까지 허용되던) 주차가 두 대 밖에 허락되지 않는다는 것이었다. 만일 별도의 주차장을 확보하지 못했다면 교인들이 큰 곤란을 겪게 되었을 것이다. 넓은 주차장은 우리 교회뿐만 아니라 홋카이도에 있는 교회들이 삿포로 시내에서 기독교 행사나 모임이 있을 때 초교파적으로 이용할 수 있어 복음 전파에 큰 도움이 되었다. 하나님의 타이밍이 놀라울 뿐이다.

일본 선교에서 교회 묘지는 굉장히 중요하다. 아무리 성도가 적은 교회라도 교회 소유의 납골당을 가지고 있다.

일본인들은 죽으면 대부분 화장을 한 후 절에서 장례를 치른다. 일본의 불교, 곧 절에서 주로 하는 일은 장례식을 집도하고 묘지 등 죽음 뒤의 일을 관리하는 것이다. 일본 고유의 종교인 신도는 인간의 죽음과 내세관을 다루지 않기 때문에 이 문제는 불교가 전담하고 있다. 그러니 평소에는 불교에 관심이 없었어도 누군가 돌아가시면 당연히 절과 관계를 맺게 된다.

기독교가 죽음과 장례에 관한 문제를 어떻게 해결하는가 하는 것, 즉 기독교의 구원과 죽음, 영원한 생명에 대해 전할 뿐만 아니라 죽은 조상들을 대하는 법과 기독교적 장례 문화를 일본인들에게 얼마나 효과적으로 설득하느냐가 일본 선교의 관건이 될 수 있다.

우리 교회도 수년 전부터 적은 액수지만 납골당을 위한 헌금을 하고 있었다. 어느 정도 돈이 모여 나의 첫 번째 사역지였던 톤덴 그리스도교회와 이웃의 몇몇 교회들과 협력해 아름다운 납골당을 마련했다. 납골당이 완성된 후 안심하고 교회에 나오기 시작한 노인들이 꽤 있었다.

2002년 가을까지, 예배당과 주차장, 납골당까지 주신 주님은 우리 가정을 위해 또 하나의 기적을 예비하고 계셨다.

건물을 구입하고 몇 년 안 되어 하나님의 은혜로 성도들이 늘어나면서 또 다시 예배당이 좁아지기 시작했다. 주일학교와 셀 모임 공간이 부족해지면서 우리 가족이 사택으로 쓰던 3층의 반쪽짜리 공간도 비워 주고 이사를 나가야 했다. 그즈음 톤덴 교회의 아라이 형제에게 연락이 왔다. 아라이 형제는 예수님을 믿고 교회 부지를 헌납했던 톤덴 신사 제사장의 장남이다.

"목사님, 제가 삿포로 시내에 아파트 한 동을 구입했습니다. 그중 한 채를 사용하세요. 월세는 받지 않겠습니다."

아라이 형제가 이런 결심을 한 데는 이유가 있었다. 아파트 건물을 구입하고 얼마 안 있어 앞 건물에 불이 났는데, 천만다행으로 아라이 형제네 아파트까지 불이 번지지 않아 무사했다는 것이다. 그는 이 일을 겪으면서 건물 주인이 하나님이심을 깨닫고 아파트 이름을 벧엘(하나님의 집)이라고 지었다. 그중 한 채를 우리 가족을 위해 내놓은 것이다.

해가 들지 않아 춥고 어두운 예배당 사택에서 살다가, 늘 소망했으나 구할 엄두조차 못 냈던 따뜻한 남향 아파트로 이사하게 되었다. 우리 자신은 돌아볼 여유도 없이 달려온 세월이었는데, 주님은 우리 가정을 눈동자처럼 섬세하게 지키고 계셨다.

우리가 살던 예배당 3층 공간은 주일 오전에는 유치부 학생들이, 오후에는 외국인 셀 모임이 사용했다. 주중에는 단기 선교사들이 살거나 한국이나 외국에서 오는 선교팀의 숙소로 사용했다. 우리는 이 선교관의 이름을 '엘림'이라고 지었다. 엘림은 출애굽기에 나오는 지명으로 이스라엘 백성이 광야에 있을 때 안식했던 물샘 열둘과 종려나무 일흔 그루가 있던 곳이다(출 15:27). 주님의 많은 나그네들이 삿포로 국제그리스도교회 선교관 엘림에서 쉼을 얻고 갔다.

하나님의 영광이 강물처럼 온 세상에

우리가 삿포로 국제그리스도교회로 파송된 지 6년이 되었다. 하나님이 베푸시는 은혜는 날마다 흘러 넘쳤다. 몇 년 사이에 성도들이 크게 늘어나고 제자훈련으로 리더들이 세워진 것만 해도 감사한데, 예배당, 주차장, 납골당, 목사관까지 순식간에 다 마련해 주셨다. 교회의 내실과 외형이 모두 갖추어진 것이다.

기도로 구한 것은 물론 구하지 않은 것까지 받으면서 우리 성도들은 하나님이 살아 계시고 친히 역사하시는 분임을 눈앞에서 보고 느꼈다. 하나님은 왜 우리에게 이런 축복을 주셨을까? 성도들은 자연스럽게 이 질문을 하기 시작했다.

2002년 2월 성인의 날 공휴일이었다. 아침을 금식하고 교회에서 30여 명의 리더들이 모였다. '비전을 생각하는 모임'을 갖기 위해서였다. 우리는 예배하며 간절하게 기도하는 시간을 가졌다. 그룹 별로 기도한 내용을 나누고 다시 함께 모여 토론한 뒤, 우리 교회가 앞으로 나아갈 비전을 세웠다.

"삿포로 땅에서 하나님의 영광이 강물처럼 온 세상에!"

이 비전은 성령께서 일본 영혼 개개인의 회복과 부흥은 물론 삿포로와 홋카이도 지역의 부흥, 일본 전 지역과 온 세계(특히 중국) 선교를 위해 우리 교회를 선교기지로 삼으시겠다는 약속이었다. 이 사역은 일본 성도들이 주체가 되어 지금 홋카이도대학으로 몰려오는 중국과 제3세계의 우수한 유학생들을 전도해 제자로 삼고, 앞으로 열릴 북한 선교에 대비하는 것이 핵심이었다. 이 모든 비전이 하나님의 말씀에서 나왔다(겔 47:8-9, 사 30:23-26).

우리는 비전과 함께 구체적인 미션도 정했다.

"하나님의 은혜와 성령의 능력, 말씀의 진리 위에 굳게 서고, 국제적 영향력을 활용하며, 영광스러운 주님의 토착적 교회를 세워 삿포로의 중심에서 생명의 복음을 강력하게 전파한다."

일본의 지역교회들은 규모나 영적으로 연약하고 불안정한 상태인 경우가 많다. 하나님은 우리 교회가 서 있는 삿포로의 중심에서부터 교회의 영광을 회복하고, 일본 성도들이 스스로 선교하는 강력한 교회 모델이 되라는 사명을 주셨다.

우리는 위의 비전과 미션을 위한 세 가지 중요한 전략을 세웠다. 첫째는 성령 충만한 예배와 사랑의 공동체, 둘째는 그리스도 안에서 성장하며 섬기는 제자 공동체, 셋째는 지역과 세계를 향해 열려 있고 보내는 선교 공동체가 되자는 것이었다. 특별히 우리는 일본의 집단주의적 문화를 고려하여 '공동체'란 단어를 중시했다.

일본 선교와 문화를 경험한 사람들은 일본인들이 얼마나 소속감을 중시하는지 안다. 일본인들이 기독교인이 되기로 결심하는 과정에서 가장 큰 장애물은 자신이 일본인임을 포기해야 할지도 모른다는 두려움이다. 어쩌다 보면 가정이나 학교, 또는 직장에서 최초의 기독교인이 될 가능성이 높기 때문이다. 일본인이라는 집단에서 나와 스스로 외톨이가 되는 길을 선택한다는 느낌을 받을 수 있다. 그 고통은 우리가 생각하는 것 이상으로 일본인들에게 심각하다.

기독교 사상가 우치무라 간조도 처음엔 기독교를 받아들일지 말지 고뇌하며 이렇게 기록했다.

"새로운 믿음을 받아들이길 거부하는 것은 육신만이 아니었다. 어려서부터 나는 조국을 그 무엇보다 공경하고, 오직 내 조국의 신들만을 예배하도록 배웠다. 죽음의 위협 앞에서도 조국의 신이 아닌 다른 신들에게 충성을 맹세할 수 없었다. 외국에 기원을 둔 믿음을 받아들이면 나는 조국의 반역자가 될 것이며, 조국 신앙의 배교자가 될 것이 뻔하기 때문이다."

우치무라 간조가 예수님을 믿었던 19세기 후반이나 21세기인 지금이나 이 문제에 관해 일본은 거의 변한 것이 없다.

이 사실을 이해하고 있는 우리는 일본인들에게 기독교인이 된다는 것은 단지 개인의 회심이 아니라, 불안하고 완전하지 못한 세상 집단에 속해 있는 데 만족하지 않고 참된 생명과 진리의 영원한 공동체로 소속을 옮기는 진정 용기 있는 결단임을 강조했다.

8부 / 신단을 태우다

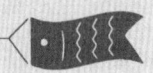

"목사님, 신단을 치우고 싶습니다. 이젠 제가 책임자가 되었으니 오셔서 같이 예배 드리고 치워 주셨으면 합니다."

눈이 펑펑 내리고 있었다. 추위도 매서운 날이었다.

츠루가 형제가 다니는 사업장의 '가미다나'는 천장 근처 구석진 곳에 있었다. 가미다나는 일본에서 신을 모시는 신단이다. 사장이 죽고 그 사업장을 맡게 된 츠루가 형제는 늘 마음에 걸리던 신단을 제거하고 싶었다.

그는 혼자서는 용기가 나지 않았는지 나와 아내에게 전화를 했다.

우리는 기쁜 마음으로 가서 함께 예배를 드리고, 30년 동안 그 자리를 지키고 있던 가미다나를 들어냈다.

그 안에는 신에게 매일 물을 바치기 위한 물병 두 개와 허접한 나무 조각품들이 들어 있었다. 아무것도 아닌 이런 기물들이 신 노릇을 하며 일본인 대다수의 정신을 지배하고 있는 것이다.

유일신인 하나님을 믿는 것만이 800만 신들의 비위를 맞추느라 전전긍긍 살아가는 일본인들이 진실로 자유로워지는 길이다.

츠루가 형제의 담대함은 믿음을 몇 계단 성큼 올려놓았다.

나와 아내는 뜯어낸 신단을 비닐봉지에 싸 가지고 교회로 돌아와서 불에 태웠다.

즐거운 주일학교와 찬양하는 청년들

어린이 전도는 아무리 강조해도 지나치지 않다. 어린 시절 크리스마스 때, 한 번이라도 교회에 왔던 사람들이 후에 그리스도인이 되는 것을 자주 보았다. 그럼에도 불구하고 일본 교회에는 주일학교가 아예 없는 곳이 많다.

우리는 첫 번째 사역지 톤덴 교회에서 '빛의 아이들'이란 모임을 만들어 어린이 예배를 부흥시켰다. 삿포로 국제그리스도교회에서도 '예수님의 아이들'(J. Kids)이란 이름으로 어린이 사역을 계속했다. 우리 교회는 시내에 위치해 직장인들은 많았지만 어린이 전도를 하기엔 지역 특성상 기회가 많지 않았다. 근처에 초등학교가 하나 있지만 학생 수가 적었다. 하지만 어린이 전도는 일본 교회의 장래를 결정짓는 중요한 사역이라 우리는 가능한 모든 기회를 살리려 했다.

일본에는 753(시치고산)이란 전통적인 어린이 행사가 있다. 일곱 살,

다섯 살, 세 살 된 아이들이 동네 신사에 가서 제사장의 기도를 받는 일본 고유의 어린이 축복식이다. 우리는 진정한 축복은 천지를 창조하신 하나님과 그 아들 예수 그리스도 안에 있다는 것을 강조하며 교회에서 이 축복식을 가졌다. 주일예배를 드릴 때 세 살, 다섯 살, 일곱 살을 맞은 어린이들을 앞으로 나오게 하여 성경 말씀을 읽어 주고 한 사람씩 축복기도를 해주었다.

일본의 전통 문화를 존중하면서 기독교식으로 바꿔 나가는 것은 선교전략 차원에서 매우 중요한 과제이고 앞으로 노력해야 할 부분이다.

우리는 국제교회라는 특색을 살려 여러 이벤트를 열었다. 1월에 중국인 교인들이 주도하는 '만두 만들기' 행사가 특히 인기 있었고, 그밖에 뮤직 콘서트, 환영 대회, 영어로 교제하는 영어 셀 모임 등 다양한 이벤트에 많은 어린이들이 모였다. 특별히 크리스마스 때는 어린이들이 교회에 한 번이라도 나오도록 전도에 집중했다. 선교사 부모를 따라 행사 때마다 학교 앞과 오오도리 공원에서 전도지를 돌린 우리 자녀들 성진이와 윤진이에게 늘 고마울 뿐이다.

어린이 사역에 헌신했던 이도쇼우코 자매가 기억난다. 두 자녀를 둔 그녀는 교회에 오려면 차로 50분 이상 걸리는 이시카리에 살면서도 주일이면 아침 9시가 되기 전에 제일 먼저 교회에 와서 스토브를 켜고 어린 친구들을 맞이했다.

그녀는 우리가 부임하기 전부터 국제그리스도교회의 교인이었으나 지병이 있어 거의 활동을 하지 못하다가 차츰 건강이 회복되고 제자훈련을 받은 후에는 적극적으로 섬기기 시작했다. 많은 성도들이 그녀에게 주일학교 교사 훈련을 받고 헌신했다.

이도쇼우코 자매는 주일 4부 중국어 예배의 어린이 예배까지 섬기고 나서야 제일 마지막에 예배당을 나섰다. 머리가 좋고 치밀하며 성실한 그녀는 지금은 OMF 선교사 언어학교의 교사로 있다. 20년

'예수님의 아이들'(J. Kids) 많은 어린이들이 한 번이라도 교회에 나와 복음을 듣도록 하는 것이 우리의 목표였다.

동안 변함없는 이도쇼우코 자매의 사랑이 없었다면 삿포로 국제그리스도교회의 어린이 사역은 진즉에 무너졌을 것이다.

삿포로에는 아이린채플이라는 어린이 사역으로 유명한 교회가 있다. 담임인 우치코시 곤베 목사가 어린이의 눈높이에 맞추어 신나는 놀이를 하면서 예배를 드리는 메빅(MEBIG) 프로그램을 만들었다.

메빅은 성구암송(Memory), 성경(Bible), 게임(Game)의 영어 첫 자를 가져와 만든 이름이다. 먼저, 예배 전에 게임을 하고 신나게 놀면서 아이들의 마음을 연다. 이 과정에서 아이들이 협동, 질서, 양보, 조화, 섬김 등을 배울 수 있도록 한다. 그 다음에 성경 말씀을 암송하며 복음을 전하면 어린 친구들이 어른 이상으로 예수님을 뜨겁게 만나는 역사가 일어났다. 메빅은 삿포로는 물론 일본 전역에 큰 영향을 끼쳤다. 일본에서 어린이 사역을 하는 교회는 거의 다 아이린채플의 메빅에 영향을 받았다. 우리 교회가 아이린채플과 같은 삿포로에 있었던 건 행운이었다. 덕분에 우리 교회가 메빅 사역을 한국에 소개할 수 있었고 많은 교회들이 도전을 받았다.

우리 교회에는 중고등학생들의 모임도 있었다. 초등학교 때는 주일학교에 오던 아이들도 중고등학교에 진학하면 주일예배 참석이 어려워진다. 일본의 중고등학교에선 운동이나 악기를 배우는 특별활동을 주로 토요일과 일요일에 한다. 학생들은 특별활동을 하며 친구 관계를 맺기 때문에 주일예배에 참석하느라 그 시간에 나가지 않으면 학교에서 외톨이가 되기 쉽다.

일본 사회에서는 구성원의 조화를 중요시한다. 그런데 기독교인이 되면 어른은 물론 어린이나 학생들도 다른 사람들과 어울리는 데 문제가 생긴다. 주일학교 교사들은 어떻게든 중고등학생들이 예수님과 관계를 유지하며 신앙생활을 할 수 있도록 아이디어를 짜내느라 고생을 많이 했다.

탄노라는 형제가 있었다. 그는 홋카이도대학에 다니다가 한때 통일교에 빠졌었다. 보다 못한 부모가 나서서 갖은 고생 끝에 그를 통일교 조직에서 끌어냈다. 탄노 형제는 우리 교회에 와서 초대 중고등부 교사가 되었다. 그는 학생들과 의논해 중고등부 모임의 이름을 ttt(Teens Talking Table)라고 정했다. 탄노 형제는 믿음 좋은 아내를 만나 두 아이를 낳았다. 그는 제자훈련을 받고 활동하던 중 주님의 인도하심을 받고 신학교에 가서 목사가 되었다.

청년들의 모임도 있었다. 청년들은 Waka. ppp(Young Praise Prayer People)란 이름으로 활동했다. 기도하고 찬양하는 젊은 사람들이라는 뜻이다. 주로 홋카이도 대학생들이고 다른 지역에서 삿포로로 온 일본인 청년들과 중국인 유학생들이 많았다. 외로운 청년들이 교회에 왔다가 믿음이 생기고 세례를 받았다.

아베라는 청년은 세례를 받고 싶었으나 시골에 계신 부모님의 반대가 심했다. 그가 기독교인이 되면 부모 자식 간의 인연을 끊겠다고 했다. 이런 일은 일본에서 기독교인들이 흔히 겪는 어려움이다. 기독교인이 되면 가족으로서 상속도 받지 못하고 호적에서 빼겠다는 소리도 듣게 된다. 아베 형제도 여러 번 세례를 미루었지만, 결국 부모님을 설득한 끝에 세례를 받았다. 지금은 결혼하여 홋카이도 아사히카와라는 곳에서 살고 있다. 그와 그의 아내는 교회의 중심이 되는 기독교인 가정을 이루었다.

아베 형제 외에 많은 일본인 청년들과 중국인 유학생들이 신실한 기독교인이 되었고 신학교로 진학해 목회자가 되었다. 그들은 일본의 연약한 교회들과, 점점 늘어나고 있는 목사 없는 교회들을 맡아 섬기고 있다. 중국인 유학생 중에 졸업하고 본국으로 돌아가 사역자가 된 사람도 많다.

평생 걸리는 긴 여정

"저는 기독교엔 관심이 없습니다. 영어를 배우고 국제적인 사교를 나누기 위해 왔습니다."

우리 교회가 운영하는 사회인 클럽에 처음 나온 사람들이 흔히 하는 인사말이다. 삿포로 국제그리스도교회에는 사회인 클럽이 있다. 개척 초기부터 시내 중심에 교회를 세운 것부터가 일반 사회인들을 주요 전도 대상자로 삼았기 때문이다.

사회인 클럽은 금요일 저녁 7시경부터 시작된다. 대개 직장인들이 한 주의 고된 일을 마치고 마음의 여유가 생기는 시간이다. 우리 교회 사회인 클럽은 교회 1층 한쪽에 안락한 카페처럼 꾸민 공간에서 모인다. 한 시간 정도 영어로 자유롭게 대화를 하고, 마지막 30분 동안 영어로 성경공부를 한다. 회비는 500엔이고 커피와 홍차, 그리고 간단한 다과가 제공된다. 영어가 모국어인 선교사들이 이 모임을 담당했다. 사회인 클럽은 개척 초기부터 시작해 역사가 길다. 교회에 나오지 않아도 클럽에는 열심히 참석하는 사람들이 꽤 있었다. 이들이 언젠가는 주님께 나오리라는 소망을 가지고 우리는 끈기 있게 사역을 이어 갔다.

어느 날부터 이시카와라는 청년이 사회인 클럽에 나오기 시작했다. 말수가 적고 수줍음이 많았지만 클럽에는 꾸준히 나왔다. 그러다가 참석자 중 한 여성과 사귀더니 결혼을 약속했다. 이시카와는 나를 찾아와 이렇게 부탁했다.

"여기 삿포로 국제그리스도교회에서 사랑하는 자매를 만났으니 이곳에서 결혼하고 싶습니다."

나는 두 사람이 교회에서 결혼하려면 두 가지 조건이 있다고 했다.

"먼저 성경공부를 하고 결혼 상담을 받아야 합니다."

두 사람은 동의했고, 이를 계기로 예배에도 참석했다. 두 사람은 우리 교회에서 결혼식을 올리고 잘 살고 있다. 그런데 아직까지 세례를 받지 않고 있다. 온 교우가 두 사람을 위해 10여 년 동안 기도하고 있는데도 말이다. 예수님을 믿기로 결심하고 세례를 받는 것이 일본인들에게 얼마나 힘든 일인지 모른다. 언젠가 주님이 두 사람에게 결단의 시간을 주실 것이다.

이타가키 교수도 사회인 클럽의 중심 멤버다. 홋카이도대학 원자력공학과 교수인 그는 우리 사회인 클럽을 아주 좋아한다. 모임에 한

번도 빠진 적이 없을 정도다. 그는 홋카이도대학에 다니는 한국인이나 중국인 유학생들의 학교생활을 챙겨 주는 등 많은 친절을 베풀었다. 뿐만 아니라 한국의 단기 선교팀이 와서 '코리안 나이트' 같은 전도행사를 열면 학생들을 교회로 많이 데려왔다. 그는 그야말로 우리 교회 전도의 일등 공신 중 하나였다. 그러나 정작 자신은 예수님을 주님으로 믿는다는 신앙고백을 하기 힘들어했다. 일본에서 중년 남성 한 명이 공개적으로 예수님을 구세주로 고백하고 세례 받는 일은 거의 불가능에 가깝다. 이타가끼 교수가 전형적인 예였다.

내가 삿포로 국제그리스도교회를 떠나기 전 마지막으로 인도한 '구도자를 위한 뉴라이프 8주간 성경공부'에 놀랍게도 이타가끼 교수가 들어왔다. 웬일인지 그의 심경에 변화가 생긴 것이다. 그는 착실하게 성경공부에 참석했고 마침내 예수님을 구주로 영접했다. 교회의 사회인 클럽에 10년이 넘도록 다니다가 예수님 품에 정착한 기적 같은 일이었다.

일본 사회와 문화 속에서 기독교인이 된다는 것이 이렇게도 힘든 결단이다. 열에 아홉은 주위에 기독교인이 하나도 없는 환경 속에서 외톨이처럼 살아야 하기 때문이다. 그러나 아무리 시간이 흘러도 이 땅의 영혼들을 포기하지 않으시는 예수님이 그들의 긴 여정에 함께하고 계신다. 그러므로 우리도 포기할 수 없다.

천상의 예배

매주 하나 둘씩 모여드는 성도들은 어느새 새로 확장한 예배당 안을 가득 채웠다. 성령께서 갈급한 영혼들을 친히 보내 주셨다.

오전에 한 번 드리던 예배를 오전 9시 15분과, 11시 두 번으로 나누어 드렸다. 특히 11시 예배에는 영어 동시통역도 제공되어 영어권은 물론 동남아시아, 아프리카 등 세계 각국에서 온 사람들이 모였다. 주로 홋카이도대학에 유학을 오거나 업무 차 삿포로에 방문하는 사람들이었다. 그중에 중국인 유학생들과 중국잔류 일본인 고아라고 불리는 성도들이 점점 늘어나는 것이 눈에 띄었다.

중국잔류 일본인 고아는 1945년 8월 15일, 일본이 제2차 세계대전에서 항복하자 중국에 거주하던 155만 명의 일본인들이 갑자기 철수하는 과정에서 현지에 남겨진 일본계 아이들이다. 약 30년이 지난 1972년 중일관계가 정상화되면서 1981년부터 2018년까지 2만 907

명의 잔류 고아와 그의 가족들이 일본으로 영구 귀국했다. 그들은 대부분 중국인과 결혼해 중국에서 살았고, 40세가 넘어 일본으로 온 탓에 일본어를 잘하지 못했다. 그들은 이전에 살던 중국 동북부 지방과 기후 조건이 비슷한 홋카이도에 많이 정착했다. 중국잔류 일본인 고아들에 대한 본토 일본인들의 차별도 있었고, 일본어보다는 중국어가 자유로운 사람들이라 대부분 한 지역에 모여서 서로 도우며 살았다.

그들 가운데 예수님께 돌아오는 성도들이 많았다. 고향을 떠나 이질적인 일본 문화 속에서 살자니 외롭고 힘들어 마음이 가난해졌기 때문이다.

중국인 성도들이 늘어나는 것은 감사한 일이었으나 그들은 일본어도 영어도 익숙하지 않기 때문에 따로 중국어 사역자를 세울 필요가 있었다. 하나님은 이때를 위해 박수민 선교사를 우리 교회에 보내 주셨다.

박 선교사는 중국에서 유학하던 중 마침 중국을 방문한 나와 만났었다. 나는 그와 대화하면서 일본에 중국인 사역이 시급하다는 것을 강조했다. 박 선교사는 귀국 후 신학원에서 공부하고, 우리 삿포로 국제그리스도교회에 협력 선교사로 왔다.

박 선교사가 인도하는 중국어 예배는 4부에 드렸다. 일본인 형제자매들은 반주와 주일학교 선생으로 섬겼다. 중국어를 잘하는 일본인 성도들은 적극적으로 유학생이나 잔류 고아들의 생활을 돕고 그들을 상담했다. 중국어 예배는 일본어로도 통역되어 관심 있는 일본 성도들도 얼마든지 예배에 참석했다. 중국어 예배를 통해 많은 중국인 유학생들과 마음 둘 곳 없던 중국잔류 일본인 고아들이 예수님께로 나왔다.

박수민 선교사는 이후에 도쿄로 사역지를 옮겨 그곳에서도 중국인 예배를 시작했다. 도쿄에는 우리 삿포로 국제그리스도교회 출신의 중국인 유학생들도 취직해 많이 살고 있다. 그들은 그 교회의 주요 멤버들이 되었다. 박 선교사 후임으로는 싱가포르 출신 OMF 펑 선교사가, 이후에는 이주상 선교사가 감당하고 있다. 이들이 떠난 후에는 우리 교회 출신 중국인 바이 형제가 맡게 될 것이었다.

우리는 일본인 선교만 생각하고 있었으나 하나님은 중국인 선교라는 새로운 사역의 지평을 열어 주셨다.

드디어 삿포로 국제그리스도교회에 한국어 예배가 시작되었다. 일본에 한류 붐이 불기 시작하면서 일본인들의 한국에 대한 관심이 높아졌다. 우리가 처음 일본에 갔을 때만 해도 한국은 일본인들에게 그렇게 매력적인 나라는 아니었다. 세월이 지나 우리나라가 잘살게 되고, 드라마나 노래 등이 인기를 얻으면서 일본에 사는 한국인들은 어깨를 펴고 다니게 되었다.

우리는 기도하는 가운데 한국어 예배를 시작했다. 예배는 한국어로 드리되 일본어로 동시 통역을 했다. 우리의 예상은 적중했다. 국제 결혼을 한 한국인들과 한국에 관심을 갖게 된 일본인들이 영적으로 목말라하던 차에 예배에 많이 참석했다.

2부 예배가 영어로 동시통역 되었지만 영어권 형제자매들도 그들의 언어로 드리는 예배를 사모해 한 달에 한 번 영어예배를 드렸다. 그야말로 한 교회에서 일본어, 중국어, 한국어, 영어가 어우러져 국경과 문화를 뛰어넘는 국제적인 예배를 하루 종일 드리게 되었다.

우리 교회의 점심시간은 늘 북적북적했다. 세계 여러 나라의 형제자매들이 차이와 다름을 인정하고 서로 존중했기에 그리스도 안에서 한 가족으로 즐거워할 수 있었다.

성도들은 모이면 이렇게 얘기했다.

"요한계시록에 나오는 천상의 예배가 바로 우리 교회 예배 같을 거예요. 미리 맛보니 너무 좋네요."

드디어 "삿포로 땅에서 하나님의 영광이 강물처럼 온 세상에" 퍼져 나가게 된 것이다.

신단을 태우다

"자매님은 앞으로 6개월 동안 성찬을 금하겠습니다."

하나님 앞에 잘못을 저지른 성도에게 나는 성찬을 금하는 치리를 했다. 자매는 그 자리에서 순종했다.

이보다 더 큰 죄를 지은 형제도 있었다. 그도 순순히 잘못을 회개하고 교회의 치리를 받아들였다. 이를 계기로 그 형제는 정말 신실한 성도로 성장했다. 일본의 교회에서는 잘못을 저지른 성도를 그에 맞게 치리한다. 한국 교회에서는 보기 드문 일이다.

일본 선교사인 나는 일본 교회와 성도들에게 많이 배운다. 목사와 성도들은 정직하며, 교회 일을 체계적으로 진행하고, 교회 안에 질서를 세운다. 일본 교회의 규모는 작다. 통계에 의하면 교회 당 평균 교인 수는 40명 정도다. 그들은 비록 적은 수일지라도 일단 예수님을 믿으면 교회의 든든한 울타리가 되고, 믿지 않는 다른 일본인들도 존경하는 교인이 된다.

중국잔류 일본인 고아 출신으로 우리 교회 중국어 예배의 핵심 멤버인 츠루가 형제가 있다. 그는 순전하고 신실한 믿음의 소유자다. 그는 항상 머리를 짧게 깎고 다녔다. 젊은 시절 여러 번 실수를 했지만 회개하고 바른 믿음을 갖게 된 후로 다시 죄에 빠지지 않겠다는 단호한 결심의 표현이었다. 그는 작은 사업장에서 직원으로 일했다.

매섭게 춥고 눈이 펑펑 쏟아지던 어느 날 츠루가 형제에게서 전화가 왔다.

"목사님, 사무실에 30년간 있던 가미다나를 철거하고 싶습니다. 와서 같이 해주실 수 있나요?"

신단인 가미다나는 일본 가정이나 사무실에 신을 모셔 두는 선반이나 제물상이다. 보통 작은 찬장이나 선반으로 만들어 숭배물을 올려놓고 매일 제물을 바친다. 대개 천장 가까이 남쪽이나 동쪽 구석에 설치한다. 가미다나 한가운데는 신사의 총본산인 이세 신궁(伊勢 神宮)에서 주는 부적 다이마(大麻)가 놓인다. 이것은 가미(신, 神)를 의미한다.

일본인들은 가미다나에 매일 물이나 술, 음식물과 나뭇가지 등을 놓고 절하며 집안의 평안이나 사업의 번창을 기원한다. 가미다나는 가정집이나 작은 가게, 사업장, 백화점 등 어디에서든 가장 좋은 자리에 놓인다. 여기에 불교식 불단을 함께 놓기도 한다. 신단은 신도적

조상숭배, 불단은 불교적 조상숭배의 표현이다. 말하자면 작은 신사와 같다.

회사에서 아침마다 신단에 제물이나 물을 갈아 주는 일은 보통 신입사원들의 몫이고, 기독교인이 이 일을 맡게 되면 갈등이 심해진다. 회사 구성원으로서 전체의 인화와 조화를 깨고 "나는 기독교인이라 못합니다"라며 그 일을 거절할 것인가, 아니면 우상숭배를 금하는 기독교의 계율을 깰 것인가 하는 중대한 문제가 생기는 것이다.

츠루가 형제가 일본에 와서 20년 동안 다닌 사업장의 사장이 갑자기 사망했다. 그런데 가업을 이을 사장의 아들이 츠루가 형제에게 사업장을 맡아서 운영해 달라는 부탁을 했다고 한다. 얼마나 성실하게 일했으면 돌아가신 사장과 그의 가족, 직원들까지 모두 츠루가 형제를 인정했겠는가? 일본 사람들은 웬만해서는 중국에서 온 잔류 고아들을 그 정도로 신뢰하지 않는다. 거의 생각할 수 없는 일이 일어난 것이다.

츠루가 형제는 제안을 흔쾌히 받아들이면서 그동안 늘 마음에 걸렸던 사무실 안의 가미다나를 치워 버리겠다고 결심했다.

"그동안 사장님이 있어서 못했지만 이제 제가 책임자가 되었으니 마음대로 가미다나를 없앨 수 있습니다. 목사님이 오셔서 함께 예배를 드리고 신단을 제거해 주세요."

나와 아내는 기쁜 마음으로 그의 사무실로 향했다.

츠루가 형제와 함께 신단을 철거하고 있다.

"하나님, 츠루가 형제에게 충성된 마음을 주어 직장에서 인정받고 이렇게 중요한 직책을 맡게 해주셔서 감사합니다. 이제 이 장소가 창조주 하나님과 그 아들 예수 그리스도를 간증하는 축복된 자리가 되게 해주시옵소서."

나는 먼저 기도한 다음, 큰 목소리로 이곳이 하나님께서 친히 통치하시는 장소임을 선포하고 찬양했다. 그리고 다 같이 가미다나를 뜯어냈다. 그것은 사람이 만든 허접한 나무 조각품과 용기에 불과했다. 일본인들은 이것을 신으로 여기고 여기에 아침저녁으로 절을 하며 음식을 바치니 얼마나 답답한 일인가? 나와 아내는 뜯어낸 신단을 비닐봉지에 싸 가지고 교회로 돌아와 태워 버렸다.

츠루가 형제는 신단을 부순 후 더 확실한 그리스도의 제자로 서게 되었다. 그의 간증과 삶은 직장 동료들에게도 큰 영향을 주었다.

츠루가 형제는 종종 우리 가족을 집에 초대해 중국 음식을 대접했다. 넉넉지 않은 형편이지만 풍성히 나누는 그의 마음에 늘 감사했다.

아내인 레이코 자매와 세 딸은 모두 우리 교회 중국어 예배의 중심이었다. 레이코 자매의 친정아버지는 중국 한 시골 마을의 교회를 지키는 귀한 종으로서 가난하고 어려운 가운데서도 충성스럽게 교회를 돌보고 있었다. 우리는 그분이 사역하는 중국에 선교여행을 다녀오고 그 교회에 헌금도 보냈다.

시간이 지나 연로한 레이코 아버지의 건강에 이상이 생겼다. 츠루가 부부는 그런 아버지와 사역자 없는 중국 교회를 방치할 수 없었다. 그들은 기도하는 가운데 하나님께서 그들을 다시 중국으로 돌아가도록 부르신다는 것을 깨달았다. 츠루가 부부는 세 딸들을 다 키워 자립시킨 후 중국으로 돌아갔다. 일본에서의 보장된 삶을 뒤로하고 중국에서의 부르심을 감당하고자 결단을 내린 것이다. 작은 일에 충성했던 신실한 츠루가 형제의 남은 여정에도 하나님의 축복이 함께하실 것이다.

일본을 흔들어 깨워 주소서

2011년 3월 11일 금요일 오후 4시 46분, 오전 사역을 끝내고 집에 잠시 들렀을 때 갑자기 집이 흔들리기 시작했다.

'밖에 큰 트럭이 지나가나?'

잠시면 그칠 줄 알았던 흔들림이 계속되는 것이 심상치 않았다. 텔레비전을 켜 보니 일본 산리쿠 연안 태평양 앞바다에서 9.0 규모의 강진이 일어났다. 동일본 대지진이라고 알려진 일본 근대 지진 관측 이후로 최대 규모의 지진이었다. 삿포로는 지진 발생 지역에서 상당히 떨어져 있는데도 몸이 느낄 정도로 집이 흔들렸으니 그 위력은 가공할 정도였다.

더 무서운 것은 지진 발생 후 밀려온 쓰나미였다. 도호쿠 지방의 이와테 현 미야코 시에 40.5미터의 해일이 덮쳤고, 미야기 현 센다이 시에서는 내륙으로 10킬로미터 지점까지 해일이 밀려왔다. 후쿠시마

원자력 발전소 원자로에서 수소 폭발과 방사능 유출 사고까지 일어나 일본 전역은 대혼란에 빠졌고, 모든 방송은 동북지역 지진의 피해 상황을 실시간으로 보도했다. 이 지진으로 15,000여 명이 사망하고 2,500여 명이 실종되었다고 한다(2018년 10월 일본 경찰청 발표).

우리 가족이 일본에 와서 처음 겪었던 지진이 생각난다. 한겨울 저녁식사를 한 뒤였다. 집이 심하게 흔들렸다. 방 안에 등유난로가 있어 스위치를 꺼야 했지만 손이 떨려 끌 수가 없었다. 일본에서는 지진이 났을 때, 특히 겨울에는 난로가 넘어져 화재가 발생하고 이로 인해 사람들이 죽거나 다치는 경우가 많다.

'아, 이러다가 죽을 수도 있겠구나.'

처음엔 몹시 당황했지만, 이후로도 반복적으로 지진을 겪다 보니 점점 무덤덤해져 나중에는 집이 흔들리면 "아, 이건 3도쯤 되겠네" 하고 맞추는 정도가 되었다. 난로 스위치를 끄는 건 물론이고.

일본에서 크고 작은 지진을 경험했지만 나라 전체에 심각한 피해를 입힌 지진을 경험한 것은 동일본 대지진이 처음이었다. 우리 교회 야우치 자매의 오빠 가정은 미야기 현에 살다가 지진 피해로 다른 지역으로 이사를 가야 했다. 우리 교회에 몇 달간 출석했던 한 미국인 형제는 지진 피해 지역에서 영어를 가르치던 조카가 실종된 상태라고 전화를 걸어 왔다.

그 주간 금요기도회에는 평소보다 많은 성도들이 모였다. 피해를 줄여 주시고, 재난당한 일본을 긍휼히 여겨 주시며, 모든 것이 합력하여 선을 이루게 하시길 간절히 기도했다.

쓰나미로 인해 여러 원자력 발전소에서 사고가 일어났다. 7단계 노심 용해가 발생한 후쿠시마 제1원자력 발전소의 사고가 대표적이다. 사고 인근 구역은 대피구역으로 지정되어 수십만 명이 이주했다.

우리 교회에 긴급기도 요청이 들어왔다. 그 위험한 지역에 몇몇이 목숨 걸고 들어가 사태를 수습하려고 하니 그들의 안전을 위해, 특히 사토우라는 기독교인 형제를 위해 기도해 달라고 했다.

지진 전에 새 예배당을 헌당한 후쿠시마 그리스도교회는 동네 전체를 비우고 피난을 가야 했다. 그러나 그 교회 목사님은 이 지진으로 인해 엄청나게 많은 사람들이 예수 그리스도의 복음에 마음을 열고 주님께 돌아오게 되었다고 간증했다.

미야기 현의 게센누마교회는 쓰나미로 예배당이 산산조각이 났다. 교인들 중에 쓰나미에 떠내려가 죽은 사람도 많았고, 떠내려갔다가 다시 밀려오는 파도 덕분에 겨우 목숨을 구한 사람도 있었다.

이 교회의 미네기시 목사는 폐허가 된 예배당 터 위에 나무십자가를 얼기설기 엮어 세우고 쓰나미에서 살아남은 형제자매들과 함께 예배를 드렸다. 무너져 버린 예배당의 잔해 위에 서 있는 십자가가 아사히 신문에 실렸다. 그 기사를 보고 나는 미네기시 목사님에게 연락을 했고, 우리 한국 교회 교단에서 일본을 위해 걷은 헌금을 이 교회 예배당을 새롭게 짓는 데 사용하도록 드렸다. 지금 게센누마

쓰나미로 폐허가 된 예배당 터 위에 세운 나무 십자가(왼쪽에서 세 번째가 미네기시 목사)

교회는 새로운 예배당에서 이전보다 훨씬 더 많은 성도들이 모여 예배를 드리고 있다.

우리 교회는 재난을 당한 사람들을 위해 기도할 뿐만 아니라 직접 찾아가 봉사활동도 했다. 수십만 명이 삶의 터전을 잃고 패닉 상태에 있었다. 우리는 이재민들이 모여 있는 곳에서 예기치 못한 재난으로 트라우마를 겪는 사람들의 회복을 위해 심리 상담을 했다. 어린이 프로그램을 운영하고 미용 봉사도 했다. 작은 도움의 손길이었지만 그들과 함께 고통을 나누고 사랑을 전하면서 우리가 더 은혜를 받았다.

우리는 종종 일본의 부흥을 위해 이렇게 기도했었다.

"주여, 일본을 흔들어 깨워 주소서!"

그러나 큰 지진을 겪고 난 후에는 기도가 살짝 바뀌었다.

"주여, 땅은 흔들지 마시고 심령을 흔들어 주소서!"

언제 지진이 일어날지 모른다는 불안을 안고 사는 사람들. 일 년에도 십여 차례나 몰려오는 태풍에 고생하는 사람들. 일본인들은 많은 자연재해로 인해 늘 불안한 삶을 살고 있다. 그래서 신흥종교나 우상 숭배에 더 기대려 하는지도 모른다. 우리의 세미한 것까지 다 아시는 하나님은 그들을 향해서도 긍휼을 품고 계신다. 일본인들이 부디 천지를 지으시고 주관하시는 참 하나님께 마음을 열고 그리스도께 돌아오길 기도한다.

이 선교사가 대표를 맡아 주시지요

홋카이도에는 복음주의적 교회(JEA)들의 교역자 모임이 있었지만, 언제부턴가 둘로 나뉘어 서로 교제마저 끊어진 상태였다. 1993년에 시작된 코시엔 미션이라는 오순절 경향의 부흥집회에 참여한 그룹과 참여하지 않은 보수 그룹으로 모임이 갈라진 것이다. 일본의 온 교회가 힘을 모아도 부족한데 사분오열하는 모습을 지켜보자니 안타까웠다. 분열된 양측의 대표격인 목사님 두 분과 나는 개인적으로 오랜 친분이 있었다. 미츠하시 목사님은 제자훈련 관계로, 쿠보키 목사님은 교회 사역에서 많은 조언을 받고 있었다.

어느 날, 대표를 뽑는 회의가 열렸다. 나는 OMF 홋카이도 책임자 자격으로 참석했다. 예상대로 회의는 난항이 계속되었고 대표를 뽑는 절차는 더 이상 진척되지 않았다.

나는 두 목사님께 웃으면서 말했다.

"4년마다 열리던 홋카이도 전체 교역자 모임이 벌써 10년째 열리지 못하니 이제는 다시 개최해야 하지 않겠습니까?"

이제 그만 싸우고 서로 화합하자는 말이었다.

그중 한 분이 말했다.

"우리는 앞장서고 싶지 않으니 이수구 선교사가 대표를 맡아 주면 어떻겠습니까?"

"그게 좋겠습니다."

다른 한 분도 얼른 맞장구를 쳤다.

그냥 하는 말인 줄 알았는데 그분들은 진심이었다. 여러 번 사양했지만 회의 분위기는 모두 내가 대표를 맡는 것을 찬성하는 쪽으로 흘러갔다. 결국 나는 대표 자리를 수락했다.

외국인이 홋카이도 전체 교역자 모임의 대표가 된 것은 전무후무한 일이었다. 주께서 화해의 사명을 맡기신 것으로 알고 나는 그 역할을 맡았다. 중단되었던 전체 교역자 모임은 10년 만에 다시 열렸고 감사하게도 지금까지 계속 이어져 오고 있다. 둘로 나뉘었던 교회들의 관계가 회복되면서 홋카이도 선교가 여러 분야에서 힘을 발휘하기 시작했다.

삿포로 국제그리스도교회에서 사역하는 동안 대외협력 사역에 참여할 기회가 많았다. 우리 교회의 목회도 중요하지만, 하나님은 당신의 자녀들이 한마음으로 연합해 그분의 나라를 확장해 나가는 것을 더욱 기뻐하신다. 나는 홋카이도 OMF 일본선교사 위원으로, 일본복음그리스도연합(JECA) 홋카이도 지역교회 개척위원회 위원으로, 홋카이도성서학원 이사로도 섬겼다.

특히 JECA 홋카이도는 OMF가 처음으로 홋카이도에 교회를 개척하면서 시작된 교단으로 전체 50여 개(우호 교회 포함)의 교회가 소속되어 있다. OMF와 JECA는 정기적으로 만나 미자립교회 지원 및 교회 개척 등에서 깊은 협력 관계를 유지하고 있다. 홋카이도의 JECA 교회들은 재정적으로나 인적으로 미약한 곳이 많다. 우리 교회는 10여 년 간 두 교회를 개척했다. 이들 교회는 지금도 잘 자라고 있다.

러시아 사할린에 있는 교회를 돕기도 했다. 홋카이도는 일본 최북단이라 러시아의 사할린과 바다를 끼고 가깝게 접해 있어 사람들이 사업차 사할린을 방문하거나 전쟁 때 헤어진 친척을 만나러 가는 등 교류가 활발한 편이다.

우리 삿포로 국제그리스도교회에도 언제부턴가 사할린에서 온 러시아 형제자매들이 예배에 출석했다. 취업이나 유학으로 온 사람들이었다. 마침 우리 교회에 노토야 후미코 자매가 러시아에 유학한 경험을 살려 그들을 위해 통역을 했다. 또 중고차 관련 사업을 하는 이도 형제가 사할린에 드나들며 그곳 교회에서 예배를 드리면서 우리 교회와 서로 기도제목을 나누는 사이가 되었다. 그 교회가 어렵게 건축한다는 이야기를 듣고 우리는 정성껏 헌금을 하기도 했다. 그 교회가 헌당식을 하는 날, 나와 교회의 몇몇 성도들이 사할린을 방문했다. 같이 간 이소다 자매는 전쟁 때 사할린에서 태어나 어린 시절을 보냈는데 우리의 후원을 통해 세워진 교회에서 예배를 드리며 감격스러워했다.

사할린에 와서 여러 교회를 세운 한국의 박용석 선교사도 소개받았다. 박 선교사는 희생적인 삶을 살며 왕성한 사역을 하고 있었다. 그분과는 오랫동안 아름다운 교제를 이어 가고 있다. 나는 일본 현지 선교 사역을 마치고 한국에 돌아와 현재 일본복음선교회 대표를 맡고 있다. 박 선교사는 자신이 서울에 올 때 거주하는 반지하 연립주택을 우리 선교회가 게스트하우스로 사용할 수 있게 해주었다. 하나님께서 허락하신 귀한 만남에 감사드린다.

우리 삿포로 국제그리스도교회는 도심 중심가에 있어 규모가 큰 복음전도 집회가 열릴 때면 준비 사역에 쓰임을 받았다.

지금은 소천하신 온누리교회 하용조 목사님이 몸이 안 좋아 종종 일본에 와서 치료를 받으실 때였다. 하 목사님은 직접 일본의 기독교 현황을 보고 그 심각함을 실감하셨다. 목사님은 일본에서 지내면서 선교의 한 방편으로 '러브소나타'를 생각해 내셨다. 한류의 인기를 활용해 일본 각 지역에서 기독교인 한류 스타들이 참여하는 전도 집회를 여는 것이었다. 온누리교회는 큐티 사역, CGN TV, 비전 교회 등을 통해 일본 전도에 힘써 왔고, 러브소나타 역시 사람들을 주님께 인도하는 데 크게 쓰임 받았다. 투병 중에도 러브소나타의 메신저로 강단에 서서 열정적으로 복음을 전하는 하 목사님의 모습에 많은 사람들이 감동을 받았다.

2009년 러브소나타는 삿포로에서 열렸다. 우리 교회는 이모저모로 대회 준비를 도왔다. 삿포로 러브소나타는 홋카이도 지역의 250여 교회가 힘을 모은 협력 사역의 결정체였다. 초교파적 대규모 집회에 대한 부정적인 시각도 있었지만, 사전 준비나 전도 행사가 끝난 후 결신자들을 지속적으로 돌보는 일에도 철저했다.

일본 전역에서 러브소나타는 지금도 계속되고 있다. 한국인들이 이끌던 처음과는 달리 점점 일본인 출연진들이 늘어나고 있다. 이것은 참으로 바람직한 일이다. 일본 교회가 감당할 수 없는 일을 한국 교회가 시작했고, 일본 교회가 바통을 넘겨받아 열매를 맺어 가고 있는 아름다운 사역이라고 하겠다.

'삿포로 희망 페스티벌'은 2014년 5월에 열렸다. 빌리 그래함 목사의 아들 프랭클린 그래함이 초청되었다. 이 대회는 몇몇 일본 교회들과 우리 교회가 중심이 되어 2년 전부터 기도하며 준비했다. 일본 교회들이 워낙 규모가 작다 보니 연합하더라도 큰 대회 치르는 것을 부담스러워한다. 하지만 하나님의 은혜로 사흘 간 1,500명이 참석하고 그중 약 500여 명이 결신하는 놀라운 일들이 일어났다. 아무리 유약해도 서로 힘을 모으면 얼마든지 큰 일을 감당할 수 있다는 것을 배운 자리였다.

어느 날인가, 건강이 급격히 나빠진 옥한흠 목사님으로부터 전화를 받았다.

"부디 일본의 제자훈련 사역을 잘 부탁드립니다."

옥 목사님의 가느다란 목소리에는 제자훈련 사역이 일본 교회의 부흥을 위해 크게 쓰임받을 수 있다는 확신이 배어 있었다.

옥 목사님은 일본 교회의 제자훈련에 오랫동안 힘을 쏟으셨다. 직접 제자훈련 컨벤션을 열어 그리스도의 제자가 된다는 것이 무엇인지 일본 목회자들을 가르치고 모범을 보이셨다. 많은 일본 목회자들이 은혜를 받고 변화되었다. 그러나 그 일을 돕던 어떤 한국인 선교사의 잘못으로 이 사역에 부정적인 이미지가 생기면서 도쿄에서 열리던 컨벤션도 다 취소되고 말았다.

나는 아내와 함께 옥한흠 목사님에게 제자훈련을 배웠던 일본 목사님 부부들과 정기 모임을 갖고 있었다. 삿포로 미나미교회의 혼다 목사님 부부, 레인보우채플의 시타미치 목사님 부부, 키보노가오카교회 소마 목사님 부부, 에이코 그리스도교회의 쇄토 목사님 부부였다. 이 모임이 씨앗이 되어 일본의 제자훈련 사역이 다시 시작되면 좋겠다는 생각을 했다.

우리는 기도하는 가운데 삿포로에서 제자훈련 컨벤션을 작게나마 다시 시작했다. 그러다 보니 일본 전역에서 목회자들이 조금씩 모이면서 삿포로와 한국, 도쿄에서 다시 컨벤션을 열게 되었다. 처음에는 30명이 모였으나 지금은 200여 명의 일본 목회자와 선교사, 일반 성도들이 참석한다. 2020년에 열리면 아홉 번째가 된다.

일본 교회에서는 교인이 세례를 받고 나면 이후로 양육과 훈련을 받을 기회가 거의 없다. 목사와 선교사가 교회 일을 도맡아 하고 교인들은 그저 손님처럼 주일에 와서 예배를 드리고 간다. 예수님은 "나를 따라오려거든 자기를 부인하고 자기 십자가를 지고 나를 따를 것이니라"(마 16:24)고 말씀하셨다. 목회와 교회의 본질에 목말라하는 일본의 목회자들과 성도들에게 제자도는 영적 갈급함 가운데 만난 오아시스와 같다.

9부 / 나는 영원한 일본 선교사

홋카이도대학 졸업식이 끝난 2월의 어느 날, 교회로 한 중년부부가 찾아왔다. 표정이 냉랭했다.

"쇼지의 부모입니다. 목사님을 만나러 왔습니다."

센다이 시에서 공무원으로 근무하는 쇼지의 아버지는 병약해 보였다.

"선생님, 쇼지가 신학교에 진학하는 것을 제발 말려 주십시오."

삼남매의 장남이며 공부도 잘하는 쇼지가 목사의 길을 간다니, 신앙이 없는 일본인 부모가 받아들이기 힘든 선택이었을 것이다.

쇼지 청년은 센다이 출신으로 조용한 성품의 홋카이도대학 심리학과 학생이었다. 그는 홋카이도대학의 영어 수업을 맡았던 선교사를 따라 우리 교회 영어교실에 나왔다.

쇼지 청년은 점점 기독교에 관심을 보이다 나와 일대일 성경공부를 하며 신앙이 깊어졌다. 그는 새벽예배에 나왔다가 "나를 따라오라. 내가 너희를 사람을 낚는 어부가 되게 하리라"(마 4:19)는 말씀을 읽고 목회의 길을 가기로 결심했다.

나는 어렵게 찾아온 쇼지의 부모님을 도와드릴 수 없었다. 그 길은 하나님의 부르심에 쇼지 형제가 응답한 것이기 때문이었다.

슬픔에 잠겨 돌아서는 쇼지의 부모님 등 뒤로 짧은 겨울 햇살이 내려앉았다. "염려하지 말라"는 하나님의 위로처럼 느껴졌다.

일본 교회의 미래, 불꽃 청년들

일본 교회는 목회자로 헌신하는 현지인 사역자가 부족해 큰 문제가 되고 있다. 많은 교회를 외국 선교사들이 맡고 있고, 현재 일본 목사가 목회하는 교회들도 노령화가 급속히 진행되고 있어 장래가 어둡다. 앞으로 일본에는 목사 없는 교회가 수두룩할 것이다. 선교사들이 교회를 개척하고 일본인 목사에게 이양하고 싶어도 사역자를 찾기가 하늘의 별따기다.

삿포로 국제그리스도교회에서 우리가 중점으로 기도하고 힘을 기울인 것은 목회 헌신자들을 일으키는 일이었다. 하나님께서 기도를 들어주셔서 많은 청년 형제자매들이 목회의 사명을 갖게 되었다. 우리가 삿포로 국제그리스도교회에 온 후 제일 먼저 헌신한 사람은 아카이 사토코 자매다. 교회 건물 꼭대기에 맨처음 십자가를 세웠던 아카이 형제의 딸이다.

사토코 자매는 OMF 일본어 학교의 교사로도 잠시 있었다. 나와 아내는 그녀에게서 일본어를 배웠다. 처음 국제그리스도교회에 부임했을 때, 어떤 까다로운 성도는 설교 내용보다 나의 서툰 일본어 발음과 문법을 체크하는 데만 신경을 썼다. 나는 사토코 자매에게 설교 원고 교정을 부탁했다.

설교 도중 나는 종종 이런 농담을 하며 성도들을 즐겁게 해주었다.
"사토코 선생님, 이 표현이 일본어로 맞는 건가요?"

사토코 자매는 캐나다에 있는 신학교에 진학해 3년 동안 공부하고 돌아와 기독교 학교인 호세이대학에서 가르치며 우리 교회의 파트타임 사역자로 일했다. 현재 사토코 자매는 같은 유치원을 나온 기독교인 의사와 결혼해 믿음의 가정을 이룬 후, 일부러 개척한 지 얼마 안 되는 키타히로시마의 교회를 섬기며 큰 힘이 되고 있다.

탄노 마사루 부부는 우리 교회 제자훈련 과정을 수료한 셀 모임의 중심 멤버였다. 탄노 형제는 우리 교회 초대 중고등부 교사로 헌신하며 신앙을 키워 가는 동안 목회자가 되기로 마음을 먹었다. 홋카이도 성서학원에 진학해 우수한 성적으로 졸업한 그는 우리 교회에서 부교역자로 몇 년간 섬기다가 목사 없는 비바이 복음교회에서 7년 간 섬긴 후 삿포로 후지노교회의 목사가 되었다.

쇼지 카츠히로 형제는 혼슈의 센다이 출신으로 홋카이도대학 문리대 심리학과에 입학한 후 우리 교회에 나오기 시작했다. 선교사에게 영어를 배우려고 왔던 그는 점점 기독교에 관심을 보였다. 쇼지 형제는 나와 일대일 성경공부를 하다가 은혜를 받고 청년부와 찬양팀에서 봉사를 했다.

어느 날, 새벽예배에 나왔던 쇼지 형제가 갑자기 내게 할 말이 있다고 했다.

"선교사님, 오늘 묵상한 말씀이 '나를 따라오라. 내가 너희를 사람을 낚는 어부가 되게 하리라'입니다. 아무래도 제가 헌신하기를 하나님께서 원하시는 것 같습니다."

나와 아내도 그의 말을 들으며 하나님의 부르심을 확신했다.

문제는 그의 부모님이었다. 아들이 목사가 된다는 말을 듣고 부부가 함께 나를 찾아왔다.

"센세, 쇼지가 목사가 된다니요. 신학교에 진학하는 것을 제발 말려 주십시오."

그의 부모는 아마도 내가 그를 자극해서 그렇게 된 것이라고 생각하는 것 같았다.

"쇼지 아버님의 마음을 충분히 이해합니다. 하지만 이건 제가 어찌할 수 있는 일이 아닙니다. 쇼지 본인이 하나님 앞에서 개인적으로 결정한 것이기 때문입니다."

병약해 보이는 쇼지 아버지의 청을 나는 들어드릴 수 없었다. 나는 내친 김에 쇼지의 부모님에게 전도를 했다.

"아버님, 어머님도 예수님을 믿고 구원받으셔야 합니다."

슬픔에 잠겨 돌아서는 쇼지의 부모님 등 뒤로 짧은 겨울 햇살이 내려앉았다. "염려하지 말라"는 하나님의 위로처럼 느껴졌다.

쇼지 형제는 굳건하게 자기 뜻을 밀고 나가 대학 졸업 후 홋카이도성서학원에서 신학을 공부하고, 우리 교회에서 수년간 전도사로 일하며 열정적으로 찬양팀과 청년부 사역을 했다. 그의 열심으로 찬양팀과 청년부는 부흥했다. 그는 전도폭발 교재를 정리하고 소개하고 배포하는 사역에도 나와 함께했다.

쇼지 형제는 꾸준히 부모님과 남동생 둘에게 복음을 전했다. 몇 년 후, 몸이 약했던 쇼지 형제의 아버지는 예수님을 믿고 세례를 받은 후에 돌아가셨다. 어머니도 교회에 다니게 되었고, 츠쿠바대학에 다니던 막내 동생은 사카모토 목사님이 개척한 교회에 나가게 되었다. 쇼지를 차갑게 대하던 둘째 동생도 기독교에 마음을 많이 열었다고 한다. 쇼지 형제는 같은 신학교에 다니던 구니코 자매와 결혼해 두 자녀를 두었다. 그는 삿포로 하치켄교회의 담임목사로 부임했다.

우리 부부와 함께 늘 새벽예배를 드리던 타케다 부부의 장남 히로시도 하나님께 헌신했다. 그는 학교를 졸업하고 직장생활을 하던 중 한국 교회 방문을 계기로 예수님께 마음을 열기 시작했다. 교회에도 적극적으로 나와 신앙생활을 했다. 타케다 부부는 아들을 위해 열심히 기도했다. 히로시 형제는 예수님을 인격적으로 만난 다음 홋카이도신학교에 진학했다. 그도 졸업 후 우리 교회의 전도사로 수년

간 사역했다.

사토우 마나미 자매는 여자 청년들 가운데서 늘 기도의 자리를 지키며 예배를 사랑했다. 그녀는 눈보라 치는 홋카이도의 매서운 추위 속에서도 새벽기도회에 빠지지 않았다. 말수는 적지만 예수님의 사랑이 담긴 따뜻한 마음이 늘 배어났다. 그녀의 아버지는 시즈나이라고 하는 홋카이도 지방의 작은 어촌 교회 목사다. 일곱 자녀를 잘 키웠고, 그중 마나미 자매가 아버지의 뒤를 이어 목회의 길을 걷게 되었다.

마나미 자매는 홋카이도성서학원을 졸업하고 현재 홋카이도 아사히가와의 미도리가오카교회의 목사가 되었다. 서른셋의 젊은 나이지만 영적 담대함과 헌신으로 사역을 잘 감당하고 있다. 미도리가오카교회는 OMF의 캐나다 출신 여자 선교사 루스 두웩이 오랫동안 목회해 온 곳으로 마나미 목사가 그 뒤를 이었다. 심지가 굳은 마나미 목사를 주님이 축복하여 그리스도의 교회를 풍성하게 하실 것으로 믿는다.

히로오카 타쿠로우 형제는 대학에 입학하면서 우리 교회에 나오기 시작했다. 누나 에미 자매는 타쿠로우 형제보다 먼저 삿포로에 와서 신앙생활을 했다. 그녀는 우리 교회에서 세례를 받고 주일학교와 여러 교회 활동에 적극적으로 참여했다. 타쿠로우와 에미 남매의 어머니는 홋카이도의 지방 토미카와 그리스도교회의 신실한 교인이었고 늘 자녀들을 위해 기도했다.

히로오카 형제는 고등학교를 졸업하고 우울증에 걸려 힘들게 살았지만 가족의 지지와 기도로 회복되었다. 그는 삿포로에서의 학업을 마치고 가족이 있는 지방으로 내려가 그곳의 기독교 노인 홈 시설에서 일했다. 믿는 자매와 결혼을 한 히로오카 형제는 사역자가 부족한 일본 교회에 많은 청년들이 헌신해야 일본 기독교에 부흥의 역사가 일어날 수 있다는 우리 교회의 메시지를 잊지 않고 있었다. 그는 홋카이도성서학원을 졸업하고 이시카와 현의 일본 그리스도 동맹교단의 한 교회에서 목회를 하고 있다. 차분한 성품과 한때의 정신적인 아픔을 이겨 낸 경험을 살려 비슷한 고통을 겪고 있는 일본인들을 품으며 섬기고 있다.

마에다 유키라는 청년도 있다. 그는 우리 교회의 중심 멤버로 있다가 도쿄로 이사한 마에다 부부의 차남이다. 마에다 형제는 홋카이도대학 졸업 후 대기업에 취직을 했고 믿음이 좋은 자매와 결혼도 했다. 대기업에 취직해 해외 근무를 하는 것이 꿈이었기에 나는 그가 평범하게 교회를 섬기는 교인이 될 것이라고 생각했다. 얼마 전, 마에다 형제에게서 연락이 왔다. 그는 하나님의 인도하심을 경험하고 영국에서 신학을 하며 그곳의 일본인 교회에서 사역 중이라고 했다.

나는 우리 교회 청년들이 가능하면 모두 헌신해서 일본의 영적 공백을 메우고 부흥의 불꽃이 되기를 기도해 왔다. 마에다 형제의 연락을 받으면서 하나님이 그 기도를 이루어 주고 계심에 감사했다.

여자 청년 가운데 우라카와 사츠키 자매가 있다. 그녀 역시 예배와 기도의 자리를 늘 지키던 신실한 자매였다. 그녀도 헌신한 후 나카무라 목사와 결혼해 현재 홋카이도 쿠시로교회에서 목회를 하고 있다. 세 자녀의 어머니가 된 그녀는 가끔 삿포로에 올 때면 아이들을 데리고 친정이라면서 우리 교회를 방문한다. 그때마다 아이들이 부쩍 자라 있는 모습을 보면서 일본의 기독교 다음 세대가 그들처럼 쑥쑥 자라면 좋겠다고 생각했다.

국제그리스도교회에는 외국인들도 많이 다녔고 감사하게도 그들 중에도 헌신자들이 여럿 나왔다.

캄보디아에서 온 호우 형제는 홋카이도대학에 유학생으로 왔다가 우리 교회에 출석했다. 성품이 온화하고 성숙한 기독교인이었다. 그는 우리 교회의 영어 셀 모임과 사회인 클럽을 섬기다가 같이 사역하던 아일랜드 출신 선교사 로라 제인과 서로 좋은 감정을 갖게 되었다. 제인 선교사가 나이가 훨씬 많았지만 두 사람은 호우 형제가 대학을 졸업한 후 결혼했다. 호우 형제는 아일랜드에 있는 신학교를 마치고 다시 일본으로 돌아왔다. 두 사람은 모두 OMF 선교사가 되어 일본 동북부 이와테 현에서 교회개척 사역을 하고 있다. 하나님은 두 사람 사이에 예쁜 자녀들도 허락하셨다. 호우 형제를 생각할 때마다 우리 교회 금요기도회에서 두 손을 들고 기도하던 그의 모습이 떠오른다.

우리 교회에는 중국인 유학생들이 많았다. 그들은 일본 사람들보다 더 갈급한 마음을 가지고 하나님께 나왔다. 그들 중에는 결혼하는 커플이 많아 나는 여러 번 결혼 주례를 섰다. 리켕코와 시즈도 홋카이도대학에 유학을 왔다가 우리 교회에 와서 신앙생활하며 결혼한 부부다. 리켕코 부부는 중국어 예배 사역을 도왔고, 졸업 후 중국으로 돌아가 신학을 하고 다시 일본으로 왔다. 지금은 삿포로 라이트하우스 그리스도교회에서 담임 사역자로 섬기고 있다.

삿포로 국제그리스도교회
믿음의 청년들

우리 교회에 나오던 시절 그의 신실함과 열심에 감복할 때가 많았다. 특별히 교회 예배당 마련을 위해 성도들이 기도할 때, 그는 학생 신분으로 밥값을 아끼고 아르바이트로 모은 7만 엔(우리돈 약 80만 원)을 헌금했다. 그 일을 기점으로 다른 유학생들과 성도들도 정성껏 힘을 모았던 기억이 있다. 순전한 믿음의 리켕코 부부는 도쿄에서도 많은 사람들을 주님께로 이끌고 있다.

타이완에서 온 림 형제와 일본인 부인 츠바키 자매도 주님의 신실한 제자들이다. 두 사람은 우리 교회에서 함께 신앙생활을 하다가 목회의 부르심을 받았고 대만에 가서 신학을 한 뒤 지금 오사카에서 사역을 하고 있다.

삿포로 한국 영사관에서 근무하던 한국인 류충렬 형제도 있다. 그는 우리 교회에 나오면서 토비사와 아키코 자매와 사귀고 결혼을 했다. 약간의 장애가 있었지만 믿음 안에서 잘 극복하고 멋있는 그리스도의 제자로 성장했다. 아키코 자매는 홋카이도 비바이 출신으로 캐나다 유학 시절 홈스테이 했던 기독교 가정의 아름다운 모습을 보고 예수님을 믿게 되었다. 두 사람은 우리 교회에서 신앙생활을 하다가 하나님이 그들을 사역자로 부르신다는 것을 알게 되었다. 류 형제는 한국 웨스트민스터신학교에서 공부하고 일본복음선교회에서 훈련을 받은 뒤 일본으로 돌아갔다. 현재는 삿포로 라이트하우스 그리스도교회에서 시무하고 있다.

인간의 눈으로 볼 때 일본 교회의 장래는 어두워 보였다. 그러나 전능하신 하나님께서 어느새 그분의 군대, 믿음의 불꽃 같은 청년들을 일으키셨다. 일본의 기독교는 하나님의 속도대로 계속해서 전진할 것이다. 그분이 하시는 위대한 일을 기대해 본다.

결말을 보라

삿포로 국제그리스도교회는 외형적으로나 내면적으로 충실하게 성장하고 있었다. 주일에는 250여 명이 모였고, 다양한 국적과 언어로 4부 예배를 드렸다.

우리 부부가 이 교회에 온 지 어느덧 18년이 되었다. 우리가 처음 꿈꾸었던 도시선교, 청년선교, 그리고 제자훈련의 목표도 이루어 가고 있었다. 이제 일본인 목회자에게 넘겨줄 시간이 다가온 것이다. 우리는 기도하며 후임 목회자를 기다렸다. 하지만 교회가 급속도로 커지고 국제교회라는 특성이 있어 적절한 사역자를 구하기가 쉽지 않았다. 몇몇 일본인 목사들의 의중을 떠 보았지만 결국 못 오게 되었다. 우리 교회 출신의 목사들도 나이가 너무 어리거나 아니면 이미 다른 교회에서 목회 중이었다.

그런데 더 이상 우리가 이곳에서 사역을 지속할 수 없는 급박한 상황이 닥쳤다. 삿포로의 학교에서 이지메로 어려움을 겪어 도쿄에서 고등학교에 다니던 아들 성진이에게 건강상의 문제가 생긴 것이다. 성진이는 쉽게 나아지지 않았다. 건강하게 잘 적응하고 있는 줄 알았던 딸 윤진이도 기숙사에서 우울증으로 힘들어했다.

교회는 성장하고 있는 데 반해 깊어지는 아이들의 건강 문제는 우리 부부를 무척이나 힘들게 했다. 이전처럼 교회 사역에 에너지를 충분히 쏟을 형편이 안 되었다. 아내는 아이들이 있는 곳과 삿포로를 오가며 가정과 교회 일을 돌보느라 여간 힘든 게 아니었다.

나도 아내 없이 혼자 교회 일을 감당하자니 힘들고 외로웠다. 아내 김숙일 선교사는 교회의 뒷문을 지키는 든든한 동역자였다. 가르치는 일에 은사가 있었고, 특히 내가 못 보고 지나치는 부분들을 찾아 세심하고 따뜻한 손길을 주었다.

참 이상한 일이었다. 우리가 자녀들 문제로 아픔을 겪을수록 사역의 깊이가 더해졌다. 우리와 비슷한 자녀 문제를 안고 있는 일본인 가정들이 교회에 더 많이 왔다.

돌아보면 아마도 우리 아이들이 아프기 시작한 때부터일 것이다. 우리는 일본 형제자매들의 고통을 함께 느끼고 함께 울며 진심으로 일본 땅과 일본인들을 사랑하는 진짜 선교사가 되어 갔다. 일본 선교사가 되면서 우리가 드렸던 기도, 일본과 일본인들을 전심으로 사랑하게 해달라는 기도는 이렇게 응답되었다.

우리 아이들은 누구보다도 일본인들을 사랑했다. 자기들 때문에 일본을 떠나서는 안 된다고 오히려 우리를 설득했다. 멀리 떨어진 기숙사 학교에 있으면서도 교회의 아픈 형제들에게 편지를 보내는 성진이. 늘 교인들의 안부를 물으며 걱정하는 윤진이. 참 고맙고 미안했다.

나와 아내는 원망도 하고 매달리기도 하며 수없이 하나님께 물었다.

"왜 우리 아이들이 이런 희생을 치러야 하나요?"

어느 새벽기도 시간이었다. 답답한 마음으로 기도하고 있을 때, 나는 비몽사몽간에 어떤 소리를 들었다.

"결말을 보라!"

솔직히 그것이 내 마음의 생각이었는지, 아니면 주님의 음성이었는지 확실하지는 않다. 하지만 결국은 축복하시겠다는 주님의 약속으로 받았다.

내 아이들이 아프니 일본 곳곳에서 방황하는 젊은이들이 눈에 들어왔다. 깨어진 가정에서 상처 입은 아이들, 획일적인 사회규범에 짓눌려 방에서 나오지 못하는 히키코모리 청년들과 그들의 가정을 바라보며 아파하시는 하나님 아버지의 마음을 알게 되었다.

내 자식들을 위한 기도는 어느새 그리스도의 사랑을 모른 채 고통 속에 방황하는 일본을 향한 중보기도로 바뀌곤 했다. 하나님 아버지의 심정으로 일본인들을 위해 기도했다.

그러나 우리 아이들이 마주한 현실은 혹독했다. 결국 주님이 승리로 이끄실 것을 알지만 때로는 앞이 보이지 않았다. 그때마다 하나님은 내가 가장 잘 아는 말씀으로 나를 위로하셨다.

"나도 내 독생자를 희생시켰다."

우리는 왜 내 자식이 아파야 하는지 더 이상 질문할 수 없었다. 내 목숨보다 더 사랑하는 우리 아이들이 길고 긴 고통의 터널을 통과하는 모습을 지켜보며 나와 아내는 진정한 의미의 '선교사'에 한 걸음 더 다가갈 뿐이었다.

삿포로를 떠나며

삿포로에서 보낸 세월이 꿈처럼, 번개처럼 지나갔다. 일본 땅에 발을 디딘 지 25년이 흘렀지만, 아마도 그 시간이 행복했고 즐거웠기 때문일 것이다. 인간적으로 불행한 일이나 목회 현장에서의 갈등이 없었던 것은 아니다. 까닭 없이 우리를 미워하고 모함하는 교인들도 있었다. 하지만 고통 속에서도 크고 작은 일들을 통해 하나님의 인자하심과 자비의 손길을 경험했다.

절대로 움직일 것 같지 않던 사람들이 주님 안에서 변화되고 헌신하는 모습을 보았다. 말씀을 나누고 예배하고 찬양하는 가운데, 어려움을 나누며 함께 기도하는 가운데 하나님의 따스한 위로를 경험했다. 제자훈련을 받고 더 의미 있고 행복하게 사는 성도들을 보면서 우리는 기쁨을 맛보았다.

전도하라고 강요할 수 없고 강요하지도 않았는데 성도들이 스스로 지인들을 예배에 초대했다. 매주 기대하지 않았던 사람들이 찾아왔고, 한번에 열세 명이나 찾아온 어느 주일에는 정말 놀라지 않을 수 없었다.

'이곳이 정말 기독교 선교사의 무덤이라고 알려진 일본이란 말인가?'

선교사가 되기로 서원할 때 우리가 제쳐두고 싶었던 단 한군데의 후보지 일본은 하나님이 우리에게 배려하신 축복의 땅이었다. 그곳에서의 25년 선교 사역은 하나님의 은혜를 몸소 체험하는 엄청난 특권이기도 했다.

예배당 건물을 마련하기 위해 받은 은행 대출금을 완납하는 날이 어느덧 2014년 7월 14일로 다가왔다. 나와 아내는 교회 빚만 남기고 우리가 떠날까 봐 걱정하던 교인들에게 빚을 청산할 때까지 떠나지 않고 책임지겠다고 약속했었다. 그 책임을 우리는 완수했다. 그리고 이제 삿포로 국제그리스도교회도 선교사 시대를 마감하고 일본 목회자를 맞이할 시간이 되었다. 후임 목사가 확실히 결정되지는 않았지만 사임 계획은 진행해야 했다.

우리 부부의 청춘과 열정을 쏟아 부은 교회를 뒤로하고 떠나기란 쉽지 않았다. 그러나 주님이 명령하시면 가기도 하고 머물기도 하며 떠나야 하는 것이 선교사다.

우리의 떠남이 이 교회의 새로운 시작을 만들어 낼 것이라고 나는 확신했다. 나와 아내는 OMF 홋카이도 디렉터인 루스 두웩 선교사와 의논하는 가운데 '떠남'을 선포하기로 마음을 굳혔다.

2014년 3월, 교회 총회에서 우리가 떠날 시간이 되었음을 교인들에게 정식으로 알렸다. 교회의 장래가 염려되었지만 하나님께서 다음 단계를 분명 책임지고 인도해 주실 것이라고 교인들을 안심시켰다. 우리 가정의 아픔과 어려움을 잘 아는 교인들은 아쉽고 슬프지만 우리를 기쁘게 보내 주기로 결정했다. 마지막으로 그해 여름, 우리가 떠나기 전까지 일본인 사역자가 오기를 간절히 기도했다.

두어 달이 지났다. 우리가 교회를 비울 때마다 설교해 주신 삿포로 성서그리스도교회의 야히로 원로목사 부부가 적절한 목회자가 올 때까지 교회를 맡아 주시기로 했다. 마침 은퇴하여 시간의 여유가 있으셨다. 우리 부부가 안심하고 떠나도 괜찮을 만큼 좋으신 목사님이었다.

이후로 삿포로 국제그리스도교회에는 하나님께서 예비해 주신 이케다 목사가 부임했다. 40대 초반의 이케다 목사는 미국에서 신학을 하여 우리 교회의 국제적인 분위기에 잘 적응할 수 있는 분이었다. 지금 삿포로 국제그리스도교회는 선교사 시대를 마감하고 완전히 자립해 건강하게 성장하고 있다. 우리의 생각과 계획을 초월하시는 하나님의 지혜와 능력이 교회가 온전히 자립하도록 인도하고 축복하신 것이다.

삿포로 국제그리스도교회를 떠나는 날이 되었다. 1990년 12월, 신임 선교사로 어린 두 아이들과 함께 일본 공항에 첫발을 디뎠을 땐 매섭고 추운 겨울바람이 불었는데, 25년 간의 사역을 마치고 떠나는 2014년 7월 29일은 무더운 여름이었다.

삿포로 치토세공항은 우리를 송별하러 나온 교회의 형제자매들과 제자훈련을 함께했던 일본 목사님들로 붐볐다. 우리를 위해 하나님께서 치토세공항을 통째로 빌려 놓으신 것만 같았다. 몇 년 전 취직해서 고향으로 돌아간 히로오카 에미 자매와 그의 어머니도 우리를 전송하기 위해 먼길을 일부러 찾아왔다.

한 사람 한 사람 하나님께서 우리에게 선물로 주신 귀한 성도들이었다. 실수도 많고 부족했던 우리를 신뢰하고 따듯하게 사랑해 준 성도들의 손을 잡고 포옹하며 작별을 나누었다. 처음 예배당 문을 열고 멋쩍게 기웃대던 순간, 눈이 마주쳐 말을 건 순간, 같이 탁구를 치고, 같이 눈을 치우고, 같이 음식을 나누고, 같이 기도하고, 울고, 기뻐하고, 격려하고, 찬양하고, 예배하던 순간들이 선명하게 떠올랐다.

공항 검색대로 들어가는 우리 뒤에서, 야히로 목사님이 조용히 찬양을 부르기 시작했다.

우리 다시 만날 때까지 하나님이 함께 계셔
훈계로써 인도하며 도와주시기를 바라네
다시 만날 때 다시 만날 때 예수 앞에 만날 때

다시 만날 때 다시 만날 때 그때까지 계심 바라네

아름다운 찬송이 공항에 가득 울려 퍼졌다. 거기에 한국인과 일본인은 없었다. 주님 안에서 형제자매 된 이들의 사랑만이 잔잔하게 하늘 보좌에 닿았다.

열심만 가지고 찬바람 부는 일본의 공항에 도착했던 우리는, 여름의 뜨거움보다 더 뜨거운 성도들의 사랑과 눈물의 배웅을 받으며 주님이 주신 사역에 마침표를 찍었다.

일본을 떠나오기 직전 2014년 7월, 첫 번째 사역지 톤덴 그리스도교회 교인들과 함께

치토세공항에 송별하러 나온 삿포로 국제그리스도교회 교인들

나는 영원한 일본 선교사

나는 지금 한국에서 일본복음선교회(JEM, Japan Evangelical Mission)의 대표를 맡고 있다. 일본복음선교회는 일본 선교를 위해 1991년 한국에서 설립된 복음주의적 초교파 전문 선교단체다. 현재 JEM에서 선교사 훈련을 받고 일본 각지로 파견된 선교사는 협동선교사를 포함해 100여 명에 달한다.

삿포로를 떠나 한국으로 돌아올 때, 우리에겐 아무 계획이 없었다. 하나님이 우리에게 두신 뜻도 알지 못했다. 일단 흩어져 살던 가족이 한곳에 모여 몸과 마음을 쉬며 회복해야겠다는 생각뿐이었다. 선교사의 일에서 벗어나 한 가정으로 건강하게 지내는 것이 하나님께서 주신 명령이라고 이해했다. 몇 개월 동안 우리 가족은 그동안 충분히 갖지 못했던 대화를 나누고 서로 격려하면서 치유의 시간을 가졌다.

그러던 중 나는 일본복음선교회 훈련 프로그램의 한 강의를 맡게 되었다. 우리가 첫 번째 사역을 톤덴 그리스도교회에서 마치고 안식년으로 한국에 왔을 때도 이곳에서 강의와 간증을 한 적이 있었다. 나는 일본에서 사역하면서 OMF와 같은 국제 선교단체가 훌륭한 일을 하듯이, 일본복음선교회와 같은 곳을 통해 더 많이 준비된 한국 선교사들이 일본으로 파송되면 좋겠다고 생각했었다.

초창기 일본복음선교회는 뜨거운 열심이 있었고 사람들의 관심도 높았지만 점점 열기가 사라지고 분위기가 가라앉아 있었다. 대표도 없이 간사 둘이 버티고 있는 실정이었다.

2015년, 나는 일본복음선교회의 대표로 취임했다. 우리가 삿포로를 떠날 때는 상상도 못했던 하나님의 새로운 부르심이었다. 여러모로 부족한 사람이지만 그동안 일본에서 25년 간 주님의 일을 하며 일본 교회와 협력해 사역한 경험을 귀하게 여겨 준 것 같다.

일본복음선교회 일은 한국 교회들을 방문하여 일본 선교의 중요성을 알리고, 선교사를 모집하고 훈련시켜 일본 전역으로 파송하는 것이다. 일본에서 내가 만났던 사역자들과 동역자들에게 한국의 신임 선교사들을 연결시켜 주고 그들이 주님의 일에 전념할 수 있도록 중보하며 돌보는 것이 주요 사역이다.

우리 부부는 삿포로 국제그리스도교회에 있을 때 매주 금요일마다 일본의 부흥을 위해 기도했었다. 주님은 그 기도를 잊지 않으시고 삿포로 지역을 넘어 일본 전역으로 선교사를 파견하는 직무를 우리에게 맡겨 주신 것이다.

2020년 3월부터는 일본인 학교가 있어 일본인들이 많이 살고 있는 상암동에서 그들을 위한 예배도 인도하고 있다. 서진교회의 백철호 목사가 예배의 취지에 공감하며 기꺼이 예배당을 빌려 주었다. 앞으로 서진교회와 멋지게 동역하게 될 일본 선교를 기대하고 있다.

일본은 선교의 열매가 별로 없어 선교사들이 힘들어하는 곳이다. 그러나 주님의 뜨거운 역사가 쉬지 않고 일어나고 있음을 지난 25년간 일본에 있으면서 생생하게 목격했다.

우리는 일본 선교를 하면서 세 가지는 꼭 마음에 새겼다.

첫째, 하나님이 선교의 주체시라는 것을 잊지 않았다. 성도는 하나님께서 보내 주실 것을 믿고 선교사는 우선 기도부터 해야 한다. 눈에 보이는 숫자의 부흥에 몰두하다 보면 주객이 전도될 수 있다. 우리가 삿포로의 눈보라를 헤치며 새벽에 기도하러 교회에 간 것은 애써서 주님과 함께하기 위해서였다.

하나님은 살아 계시고 우리의 기도를 들으신다. 하나님이 주체가 되어 일하시고 우리는 기도하면서 조연 역할을 해야 한다. 사역자가 성도들을 아끼고 사랑하면 그들은 행복해한다. 성도가 행복한 교회가 좋은 교회다. 주님은 당신이 사랑하는 성도들을 좋은 교회로 보내 주신다.

둘째, 일본 문화와 일본 사람들을 존중하는 마음이다. 우리가 무엇을 가르치려 했을 때는 열매가 없었지만, 그들을 이해하고 진심으로 섬기고 사랑했을 때 성도들이 모여들었다.

현재 일본에서 가장 영향력 있는 일본 목사들에게 일본 선교에 무엇이 가장 필요한지 질문했을 때, 일본 문화를 잘 이해하고 존중해 주기를 원한다는 답변이 돌아왔다. 선교사는 자기 유익을 위해 일하는 사람이 아니다. 주님을 위해 선교하려는 나라의 모든 것, 그 나라 사람들의 모든 것을 겸손한 마음으로 이해해야 한다.

한국인들은 열정이 있고 진취적이고 도전 정신이 많은데다가 리더십도 있지만 독단으로 흐를 위험이 있다. 반면에 일본인들은 성경 연구를 많이 하고 내향적인 편이지만 논리적이고 치밀하며 실수를 안 하려는 완벽주의 경향이 있다. 어디에서도 마찬가지지만, 일본에서 좋은 선교사가 되려면 부디 정직하고, 조급해 하지 않고, 자신의 생각을 주장하지 말고 섬기며, 무슨 일이든 교인들과 상의하고, 끝까지 기다리면서 한 걸음 한 걸음 나아가야 한다. 서로를 세워 주고 화합할 때 기대 이상의 열매를 얻게 될 것이다.

셋째, 주님의 백성을 섬기고 사랑하라고 하나님께서 우리를 보내셨다는 사실을 잊지 않았다. 한국 교인들에게 일본 선교가 시급하다고 말하면 많은 사람들이 의아해하며 묻는다.

"아니 왜 우리를 침략해 놓고도 반성할 줄 모르고 우리를 싫어하는 일본에 하나님을 전해야 합니까?"

한편으론 맞는 말이다. 우리는 일제의 침략으로 잊지 못할 상처가 있으며 그들로부터 진지한 사과를 받지 못했다. 그럼에도 불구하고 우리가 일본 선교를 해야 하는 이유는 많다.

무엇보다 하나님께서 그들을 사랑하신다. 이것은 우리가 일본 사역을 하면서 충분히 경험했다. 선교를 하려면 우리의 관점이 아니라 주님의 관점으로 일본과 일본 교회를 보아야 한다. 일본에 1억 2천 600만 명의 인구 가운데 기독교인은 고작 60만에 불과하다. 미전도 국가는 아니지만 그에 준하는 숫자다. 신도와 애니미즘, 각종 신흥종교에 빠져 영적으로 깊은 어둠 가운데 있는 이웃을 못 본 척 지나쳐서는 안 된다.

한국은 하나님의 은혜를 많이 받은 나라다. 그 은혜는 우리끼리만 누리라고 주신 것이 아니다. 이웃나라인 일본, 중국, 러시아로 그 은혜를 흘려 보내야 한다.

한국 교회는 관계가 악화된 한국과 일본 사이에서 화해의 복음을 전하도록 위임받고 있다. 아무리 일본이 우리에게 비호감이고, 둘 사이에 아픈 역사적 상처가 있더라도 화목하게 하는 직분의 소명을 잊어서는 안 된다. 주님이 우리를 아무 값없이 사랑하신 것처럼 우리도 일본을 그렇게 사랑해야 한다. 그 일을 할 수 있는 사람은 하나님의 사랑을 입은 우리 기독교인들뿐이다.

나는 삿포로 국제그리스도교회의 꼭대기에서 빛나는 십자가를 생각한다. 캄캄한 밤, 얼어붙은 눈길 위를 비추던 그 십자가의 불빛은 일본인들의 냉담한 영혼을 바라보며 끝까지 기다리시는 우리 하나님의 마음이다. 단단하게 언 홋카이도의 눈벽은 영원할 것만 같지만 봄 햇살에 소리 없이 사라진다. 사랑하시되 끝까지 사랑하시는 주님의 사랑이 그들을 따듯하게 녹일 것이다.

천천히, 그러나 우리가 생각하는 것보다는 훨씬 빠르게.

아마도 나와 내 아내는 하나님이 원하시는 그날까지 일본 선교사로 일할 것이다.

너희 모든 나라들아 여호와를 찬양하며 너희 모든 백성들아 저를 칭송할지어다. 우리에게 향하신 여호와의 인자하심이 크시고 여호와의 진실하심이 영원함이로다. 할렐루야(시 117편).

1865년 허드슨 테일러가 창설한 중국내지선교회(CIM:China Inland Mission)는 1951년 중국 공산화로 인해 중국에서 철수하면서 동아시아로 선교지를 확장하고 1964년 명칭을 OMF로 바꾸었다. OMF는 초교파 국제선교단체로 불교, 이슬람, 애니미즘, 샤머니즘 등이 가득한 동아시아에서 각 지역 교회, 복음적인 기독 단체와 연합하여 모든 문화와 종족을 대상으로 예수 그리스도가 구세주이심을 선포하고 있다. 세계 40여 개국에서 파송된 1,400여 명의 OMF 선교사들이 동아시아 19개 필드에서 미완성 과제를 위해 사역 중이다.

우리의 비전 OUR VISION

우리는 하나님의 은혜로 동아시아의 각 종족들 안에 자기 종족을 전도하며 타종족을 선교하는 토착화된 성경적 교회운동이 일어나는 것을 보기를 소망한다.
Through God's grace we aim to see an indigenous biblical church movement in each people of East Asia, evangelizing their own people and reaching out in mission to other peoples.

우리의 사명 OUR MISSION

우리는 그리스도의 온전한 복음을 동아시아인과 함께 나눔으로 하나님을 영화롭게 한다.
We share the good news of Jesus Christ in all its fullness with East Asia's peoples to the glory of God.

OMF 사역 방향

- 우리는 개척선교-미전도 종족선교에 집중한다.
- 우리는 교회개척-교회배가운동을 일으킨다.
- 우리는 교회의 성장, 성숙 및 제자훈련에 기여한다.
- 우리는 동아시아 교회들이 선교운동에 동참하도록 도전한다.
- 우리는 동아시아의 복음화를 위해 전세계적으로 자원을 동원한다.
- 우리는 국제팀으로서 그 다양성과 협력을 소중히 여긴다.

한국오엠에프 서울시 서초구 방배중앙로 29길 21 호언빌딩 2층
전화 02-455-0261, 0271   **팩스** 02-455-0278
홈페이지 omfkr.cafe24.com   **이메일** omfkr@omfmail.com